Casimir Freschot

Des Königreichs Dalmatien historische und geographische Vorstellung

Casimir Freschot

Des Königreichs Dalmatien historische und geographische Vorstellung

ISBN/EAN: 9783743624061

Hergestellt in Europa, USA, Kanada, Australien, Japan

Cover: Foto ©ninafisch / pixelio.de

Weitere Bücher finden Sie auf **www.hansebooks.com**

Des Königreichs
DALMATIEN
Historische und Geographische
Vorstellung,
Enthaltend
Die Thaten aller Könige/
So über
Croatien und Dalmatien
iemahls geherrschet haben/
Wie auch
Eine Beschreibung der MORLA-
CHEY/ der Republic RAGUSA/
der vornehmsten Dalmatischen Städte/
Schlösser/ Insulen/ Flüsse/ und desjenigen/ was in
diesem Reiche von Anfang desselben biß aufs Jahr C.
1688. schrifftwürdiges ist vorgegangen.
Woraus/ was Ihro Röm. Kayf. Maj.
und die Republic Venedig vor Recht und Ansprü-
che auff diesem Reiche haben/ klärlich zu ersehen.
Von einem gelehrten Italiäner CASIMI-
RO FRESCHOT abgefasset/ und itzo ins hoch-
teutsche übersetzet
Durch H. H. d. K. C.

Verlegts zu Leipzig/ Joh. Friederich Gleditsch/ 1688.

Vorbericht des Autoris.

Höfflicher Leser!

Die Nachricht / welche man vom Königreiche DALMATIEN bey denen Scribenten findet / ist so gering und unordentlich / daß ich ihm / wo nur einige Curieusität bey demselben vorhanden / einen Gefallen zu erweisen vermeint habe / wenn ich solche in ein Büchlein zusammen fassete / und ihm einen allgemeinen Entwurff von den Begebenheiten dieses Reichs mittheilete.

Es wird aber nicht füglich ein Königreich genennet / indem / wie man unten sehen wird / Dalmatien allzeit in zwey / ja drey verschiedene Staaten ist zertheilt gewesen / welche absonderliche Fürsten / und dahero auch ihr besonders Interesse oder geheimes Absehen gehabt. Und dieses ist eben die Ursach aller derjenigen Fehler / daß so viele von Dalmatien als

A 2 einem

Vorbericht des Autoris.

Höfflicher Leser!

Die Nachricht / welche man vom Königreiche DALMA-TIEN bey denen Scribenten findet / ist so gering und unordentlich / daß ich ihm / wo nur einige Curieusität bey demselben vorhanden / einen Gefallen zu erweisen vermeint habe / wenn ich solche in ein Büchlein zusammen fassete / und ihm einen allgemeinen Entwurff von den Begebenheiten dieses Reichs mittheilete.

Es wird aber nicht füglich ein Königreich genennet / indem / wie man unten sehen wird / Dalmatien allzeit in zwey / ja drey verschiedene Staaten ist zertheilt gewesen / welche absonderliche Fürsten / und dahero auch ihr besonders Interesse oder geheimes Absehen gehabt. Und dieses ist eben die Ursach aller derjenigen Fehler / daß so viele von Dalmatien als

einem

Vorbericht des Autoris.

Höfflicher Leser!

Die Nachricht / welche man vom Königreiche DALMATIEN bey denen Scribenten findet / ist so gering und unordentlich / daß ich ihm / wo nur einige Curieusität bey demselben vorhanden / einen Gefallen zu erweisen vermeint habe/ wenn ich solche in ein Büchlein zusammen fassete / und ihm einen allgemeinen Entwurff von den Begebenheiten dieses Reichs mittheilete.

Es wird aber nicht füglich ein Königreich genennet/ indem/ wie man unten sehen wird/ Dalmatien allzeit in zwey/ ja drey verschiedene Staaten ist zertheilt gewesen/ welche absonderliche Fürsten/ und dahero auch ihr besonders Interesse oder geheimes Absehen gehabt. Und dieses ist eben die Ursach aller derjenigen Fehler/ daß so viele von Dalmatien als

Vorede.

einem eintzelen Staat geschrieben / und allerhand Zufälle gantz anders / als andere Scribenten / unter eben gleichen Nahmen vermeldet haben.

So weitläufftig aber der Erste Theil von den Königen abgefasset ist / so kürtzer wird man den Andern Theil antreffen. Es fehlet nicht / meiner eigenen Bekäntniß nach / an verworrenen Schwürigkeiten / welche bey der Zeit- und Geschicht-Beschreibung des Ersten Theils könten eingeworffen werden / gleich wie hingegen im Andern Theil die Deutlichkeit und an einander hangende Ordnung mangeln wird. Aber was kan man thun? Ich bitte / diese beyden Mängel / welche ich / so gern auch gewolt / nicht habe verhindern können / nach seiner Gütigkeit zu bedecken / und weil ich mich selbst derselben schuldig gebe / wolle er sich hiemit begnügen lassen / und meine geringfügige Arbeit nicht gäntzlich verschmähen / auch nicht verargen / daß ich dieselbe vollkommen zu machen / nicht bin bastant gewesen.

Vorrede.

sen. Weil auch die Ordnung der Begebenheiten mich veranlasset hat/ die Kriege zu berühren/ welche wegen Besitz oder Ansprüche auff das gantze Reich oder ein Theil desselben geschehen sind/ protestire hiemit/ daß ich eines oder des andern Potentaten Gründe/ Raisons oder Ansprüche zu erweitern oder zuverkleinern nicht gesonnen gewesen/ sondern daß ich allein dasjenige/welches ich schon beschrieben gefunden/bloß/ wie solches die Schuldigkeit eines Historici mit sich bringt/ erzehlt/ und mich in der Fürsten prætensiones und Gerechtigkeiten nicht gemenget habe/ wessen ich mich weder gewolt noch gedorft unterfangen.

Ich habe aber keinen weitläufftigen Bericht von den glücklichen Progressen/ so die Waffen der Durchleucht. Republic Venedig heut zu Tage in diesem Reiche gethan/ allhie beyfügen/ sondern solches einer andern geschicktern Feder überlassen wollen/ und mich begnügen lassen/allein obenhin und mit wenigen die Eroberung der

Vorrede.

derjenige Oerter/ welche der Botmaſſigkeit des Adriatiſchen Löwens ſind unterthänig worden/ zuberühren. Ich bin zwar Sinnes/ künfftig noch zwey andere Werckgen/ eins von Albanien und Epirus/ das andere von Griechenland dem günſtigen Leſer mitzutheilen/ und dasjenige/ was von dieſen Ländern/ deren heutige Veränderungen eine curieuſe Materie in Geſellſchafften zu diſcouriren geben/ die Alten geſchrieben haben/ zu continuiren; will aber mit derſelben Heraußgebung/ biß ich erfahre/ daß dieß Tractätgen demſelben in etwas gefalle/ verziehen/ und demſelben vor dieſesmahl vom gütigen Himmel alles Wohlſeyn treulich anerwünſchen. Adio!

Vorrede des Uberſetzers.

Mein Leſer!

ES hat dem Herrn Verleger dieſe Neu-Jahrs-Meſſe nicht ſollen vorbeyſtreichen/ daß er nicht ſeiner Gewohnheit nach was neues der neubegierigen Welt von ſeinem eignen Verlage hätte mittheilen wollen; derohalben/ als er in Erfahrung gekommen/

Vorrede.

men/ daß eine neue Beschreibung vom vorigen und heutigen Zustande des König-Reichs Dalmatien unter dem Titel: Memorie Historiche e Geografiche della DALMATIA raccolte da D. CASIMIRO FRESCHOT, Benedettino, stampate in BOLOGNA 1687. allhier angekommen/ hat er/ solcher habhafft zu werden/ sich bemühet/ und mich/ weil ihm in verstrichener Michaelis-Messen ein teutsches Tractätgen ins Italiänische/ bloß in meiner Ubung/ übersetzet/ dieß Italiänische hingegen auch ins Teutsche zu transferiren vermocht. Ich war zwar anfänglich willens/ aus diesem Wercklein allein das beste zu excerpiren/ und die gar alte Begebenheiten etwas kürtzer zu verfassen/ weil aber der Autor zum öfftern versichert/ daß er die gewisseste Nachricht drinnen communiciret/ als habe demselben in allen/ was den Ersten Theil betrifft/ gefolget/ und wie ers abgefasset/ schlechthin übersetzet/ damit also auß denen alten Begebenheiten/ was Ihro Röm. Käyserliche Majestät (als unter dessen Titel auch Croatien und Dalmatien mit benennet wird.) Ihro Königl. Majest. in Ungern JOSEPH oder die Republic VENEDIG auf besagte Königreiche vor Recht und Ansprüche gehabt und noch haben möchten/ desto besser könne herauß gezogen werden.

Sonst wird dieß Büchlein keiner grossen recommendation gebrauchen/ massen einem jeden bekand ist/ daß es von einem solchen Reiche handelt/ so anitzo nebst der welt-berühmten Halb Insel MOREA

gleich-

Vorrede.

gleichsam der Tummel-Platz Venetianischer und Türckischer Waffen ist/ auf welchem die Königliche Republic Venedig b:y Regierung ihres Durchl. Hertzogs Marci Antonii Giustiniani nach heilsamlich getroffener Tripel-Allianz mit der Majestät des unüberwindlichsten Käysers LEOPOLDI und Königs in Polen Johannis III. zu ihrem weltschallenden Ruhm/ und mercklichen Abbruch des Erb-und Ertz-Feindes der Christenheit/ schon treffliche Progressen gethan/ und ins künfftige wegen Fahrläßigkeit des Groß-Sultans Mahomets des IV. wie auch desselben zerrüttetes und übel versehenes Regiments/ grossen Schreckens/ Geld-und Soldaten-Mangels/ und überauß schlechter Zurüstung der Türcken zur See/ noch viel grössere zu hoffen hat.

 Gleich wie nun aber schon unterschiedliche absonderliche Beschreibungen von gedachter Halb-Insel Morea/ keine aber meines wissens von diesem Reiche Dalmatien (ohne was der hie zu Lande noch unbekandte Johannes Lucius, auff den der Autor etlich mahl sich beziehet/ hievon mag zusammen getragen haben) ans Tagelicht gegeben worden / habe vermuthet/ dem curieusen Teutschen mit Ubersetzung dieses Tractätleins einen angenehmen Dienst zu erweisen/ und verhoffe dahero/ er werde solche Willfährigkeit ihm zu dienen nicht übel dencken/ der ich mich hiemit dem günstigen Leser schönstens empfehle.

Der

Der Vorstellung
des uralten König-Reiches
DALMATIEN
Erster Theil/
enthaltend
eine ordentliche
Historische Erzehlung
Der Könige und Einwohner dieses
Reiches/ nebst dem/ was sich unter
denenselben schrifft-würdiges
zugetragen.

Das I. Capitel/
von
Dalmatien ins gemein.

EHe Dalmatien einen besondern Nahmen überkommen/ war es ein Theil des bey den
A   Alten

Beschreibung von Dalmatien

Alten satsam bekandten **Illyriens**. Und ob man wohl heut zu Tage unter dem Nahmen **Dalmatien**/ die darin gelegene Insulen mitgerechnet/ eines ziemlich schmalen Strich Landes verstehet/ sind doch in vorigen Zeiten desselben Gräntzen viel weiter gewesen/ und ist solches durch Veränderung ihres Stats/ ordentliche Abwechselung ihrer Könige/ und herrliche Thaten unterschiedlicher Nationen/ welche daselbst vielmahls ihre Krieges-Tapfferkeit sehen lassen/ sehr berühmt und bekand worden.

Zu derselben Zeit aber/ da es im besten Flor gestanden/ und seinen Umbfang am weitesten genommen/ werden ihm folgende Gräntzen gesetzet/ als nemlich/ Ober-Mæsien/ gegen Morgen; Istrien und Kärndten/ gegen Abend; die Drau/ oder Pannonien/ nach Mitternacht/ und das Adriatische Meer nach Mittag. Wozu denn auch gerechnet wurden: Alt Liburnien/ und der grosse Theil Illyrien/ die Königreiche oder Ständ von Sclavonien/ Croatien/ Servien/ und

Dal-

Dalmatien/ welche in verschiedenen Zeiten sich von diesem Reich abgesondert/ und nach geschehener Vereinigung ihre Oberherren erwehlet haben/ wie auch in den folgenden Zeiten die auß Rassia und Bossina deßgleichen gethan haben. Heutiges Tages erstrecket es sich nach Morgen/ biß zum Fluß Bojana/ nach Mitternacht/ biß Bossina/ nach Abend biß Croatien/ und gegen Mittag. biß an den Adriatischen Meer-Busen/ und ist bey so eingeschlossenem Staat dennoch vier Ober-Herren unterworffen/ nemlich/ vors erst dem Hause Oester-Reich/ welches über 80. Meilwegs zur See/ und einen Theil vom Mitterländischen Croatien zu gebieten hat; hernach auch der Republiqve Venedig/ welche die meiste Insulen und See-Städte/ mit denen Küsten und einiger Landschafft eigenthümlich besitzet. Die Republiqve Ragusa aber beherrschet nur einen kleinen Strich Landes mit etlichen Insulen; Und das übrige zu Wasser so wohl als zu Lande muß annoch/ so lange es dauret/ das Tyrannische Joch des **Groß-Türckens** ertragen.

Aber damit wir ordentlich von denen Völckern/ welche diese Landschafften bewohnet haben/ handeln mögen/ wird vonnöthen seyn nach derselben Ursprung etwas eigentlicher zu fragen/ und genauere Nachricht vorneml. von denen Liburniern uñ Illyriern/ weil sie die ersten seyn/ deren in den Dalmatischen Geschicht-Beschreibungen gedacht wird/ einzuziehen/ obwohl nicht gar zu außführliche Nachricht von ihnen vorhanden. Die **Liburnier/** deren Gebiete das jenige/ welches anitzo das am Meer gelegne Croatien genennet wird/ mit einem Theil vom heutigen Dalmatien bis an die Saar/ in sich hielte/ seyn nur wegen ihrer geübten Dieberey und Seeraubens bekandt gewesen. Wiewohl sie zu Lande aus einer fast eigensinnigen und nicht gar gemeinē Gewohnheit über das Recht der Gast-Freyheit so scharff und genau hielten/ daß wer einem Frembdlinge seine ne Thür verschlossen / und demselben verlangte Bewirthung abgeschlagen zu haben überwiesen wurde / zur Straffe sein Hauß anzünden und einäschern sehen muste. Wenn sonsten die Scribenten von Liburnischen Schiffen Meldung thun / verstehen sie dadurch insgemein / alle Jagt-Schiffe und Saicken / welche von Rauben profession machen / daß auch dannenhero die jenige lasterhaffte Lebens-Art / welcher diese Nation sonderlich ergeben war / von ihr den Nahmen bekommen.

Daß sonst die Liburnier in uralten Zeiten independent gewesen / und ihren eigenen Staat geführt haben / ist der Wahrheit gantz ähnlich / massen sie nicht allein einen besondern Nahmen / sondern auch ungleiche Gewohnheiten gehabt haben. Daß sie aber zu der Römer Zeiten den Illyrischen Königen unterwürffig worden / ist aus dem ersten Kriege welchen besagte Römer mit den Illyriern geführet / zu schliessen. Denn es war die Ursach solches Krieges (wie hernach mit mehrerm mehrern soll gedacht werden) die See-Räuberey der Liburnier/ und wie sich die Römer deßwegen bey Teuta, des Jllyrischen Königes Agronis nachgelassener Wittib/ beschweret/ diese aber jener rechtmässige Klagen nicht gebührender massen auffgenommen hatte/ ist es daher zum öffentlichen Kriege gediehen.

Die Illyrier belangend/ sind sie also von Illyrico des Cadmi Königs in Phœnicia und Ermionis Sohne benennet worden/ von welchem letzteren gemeldet wird/ daß er jenen nebst anderen Gefehrten dies Stück Lands/ so von ihm den Nahmen Illyrien behalten hat/ wohnbahr zu machen und zu besetzen/ dahin geschicket habe. Man lieset aber weniger denn nichts von den ersten Nachfolgern des Illyrici, noch von der Regierungs-Art/ welche er/ dem Vorgeben nach/ soll gestifftet haben/ auch nichts von denen Völckern/ so von ihm seyn beherrschet worden/ biß zu den Zeiten eines genandten Bardilei oder Bardillis, welcher das angräntzende Macedonien sich zinßbahr

und

Erster Theil.

und ein Theil davon seiner Cron vollkommen zinßbar gemachet hat/ wie wohl Philippus des grossen Alexanders Vater/ welcher/ so bald er den Thron bestiegen/ nicht allein das aufgebürdete Joch abgeworffen/ sondern auch alles Verlohrne sich wieder bemeistert/ durch Abwechselung der Siege den ersten Uberwinder dieses Reichs zum schuldigen Gehorsam gebracht. Clito gemeldten Bardilei Sohn/ und Glaucias der andere König über ein Theil Jllyrien weigerten sich anfangs nach Absterben Philippi die Unterthänigkeit zu bezeugen/ wurden aber ohne grosser Mühe von dem glücklichen Alexander zur devotion wieder gebracht. Nach dem aber das Ansehen seiner Monarchie durch dessen Nachfolger mercklich abgenommen/ haben nicht allein die Jllyrischen Könige ihrer vorigen Freyheit und independence wieder gegriffen/ sondern auch die Griechen mit unterschiedlichen Kriegen beunruhiget und müde gemachet. Unter diesen ist einer nahmentlich A-

8 Beschreibung von Dalmatien

grone gewesen/ von welchem will geschrieben werden/ daß er den Staat mit vielen conquéten erweitert/ und alle seine Vorfahren an Reichthum und Gewalt übertroffen habe; Es hat derselbige auff Ansuchē Demetrii Königs in Macedonien 100. Kriegs-Schiffe den Migdoniern zum Secours gegen die Etolier geschicket/ welche denn dadurch biß auffs Haupt geschlagen wurden/ und mit ihrem zur Beute hintergelassenen Geräthe alle besagte Schiffe der Jllyrier/ welche den Sieg davon getragen/ erfülleten. Teuta des Agronis Wittwe/ zur Zeit/ da sie an statt ihres noch minderjährigen Printzens Pinei das Scepter führete/ war nicht weniger glücklich/ allermassen sie nicht allein ihren Liburniern das Kapern zuließ/ sondern nachdem sie so viel Schiffe/ als sie bey den Illyriern zusamen bringen konte/ außgerüstet/ fieng sie an die Benachbarten zur See anzugreiffen/ wie sie denn nicht allein die Küsten geplündert/ die Stadt Phœnix in Epirus überfallen/ und verheeret/ sondern auch bis

ins

Erster Theil.

ns Peloponesische die Eleer unnd Messenier mit offtmahligen Einfällen beunruhiget.

Es fuhren auch insonderheit die Liburnier in ihrer Gewaltthätigkeit fort/ und fiengen an ferner die Schiffarth des Adriatischen Meers unsicher zu machen/ so daß die Römer als die Vornehmste von denen Interessirten einige hinsandten bey der Königin deßwegen abgenöthigte Klage zu führen/ und anzuhalten/ daß diesem allgemeinem Unheil mögte/ so viel möglich/ abgeholffen werden. Allein es haben die Gesandten der Römischen Republique (welche damahls mit den Gedancken der universal Monarchie schwanger gieng/ und allen Potentaten sich formidable zu machen trachtete) bey Abstattung ihrer ordre, wie es scheinet/ einer unfreundlichen und drohenden Redens-Art sich bedienet/ oder es hat die Königinn/ bey der die erhaltene victorie zum grossen Ubermuth Ursach gegeben/ den Abgeordneten mit verlangter Ehre und Freundligkeit nicht begegnet/ wie

A 5 sie

sie denn nach genossenem übelen tracte-
ment auff Befehl der Königin wieder
aller Völcker Recht hingerichtet worden.
Die Römer / so diese That allerdings ü-
bel auffgenommen / haben / solche nach-
drücklich zu rächen / ihr den Krieg angekündiget / und zugleich schleunige Zurü-
stungen gemacht solchen mit würcklichem
Ernst auszuführen. Es unterließ die
Königin an ihrer Seite auch nicht / sich
als eine kluge Heldin in gute Verfas-
sung gegen die besorgende Gefahr zu setzen / und weil sie erfahren / daß die Cor-
cirenser / deren sich ihr Gemahl Agron
bemeistert / ihrer Herrschafft überdrüssig
worden / und bey so gestalten conjuncu-
ren entschlossen / sich zu den Römern be-
derselben Ankunfft zu schlagen; Erwog
sie reifflich beydes die importance solcher
vortheilhafftigen Orts / als auch der
nicht geringen Schaden / so sie / daferr
derselbe in der Feinde Hände gerathen
solte / erleiden könte / wolte derhalben
das Prævenire spielen / belagerte die
Insul / so sich schon zu der Römer Parthey

Erster Theil.

theil, erkläret hatte/ eroberte dieselbe mit gewaltsamer Hand/ und setzte darin Demetrium Farium ihren vornehmsten Hoff-Bedienten zum Gouverneur, der sie mit einer starcken Besatzung ihres Gehorsams erinnern solte.

Mit gleichem Glücke hat sie darauff eine Armée von Griechen und vornemlich Etoliern geschlagen/ welche ihren Lands-Leuten den Corcirensern/ so sich in freyen Stand zu setzen/ oder den Römern sich zuergeben entschlossen hatten/ Beystand zu leisten im Anmarsch begriffen waren; Nachdem aber die Römer darüber mit ihrer Schiffs-Flotte ankommen waren/ und die Königin den Demetrium, von dem sie einigen Argwohn wegen verübter Untreu geschöpfet/ des ihm zuvor aufgetragenen Gouvernements entsetzen wolte/ übergibt er gutwillig/ solchen Verdacht zu rächen/ die Insul denen Römern/ so vermittels dieses ersten Vortheils/ nachdem sie ans Land gestiegen/ in Illyrien unterschiedene Oerter erobert/ der Teuta Armée in die Flucht geschlagen/ und diese in Narenta, die Königinne aber selbst/mehrerer Sicherheit halber nach Risano, als der damahls in selbiger Meer-Gegend besten Festung sich zu salviren gezwungen haben.

Also endigte sich in einer einsigen Campagne, welche im Jahr 525. nach Erbauung der Stadt Rom vorgangen ist/ der erste Krieg/ so die Römer in Illyrien geführet haben. Sie überliessen einen Theil davon der Teuta, solchen mit ihrem Sohn Pineus zu besitzen/ doch mit so harten und eingeschrenckten conditionen/ daß sie/ ausser dem Tribut/ dessen richtige Abstattung ihr zum Zeichen ihrer Unterthänigkeit aufferleget war/ auch nicht einmahl durffte mit mehr als zwey kleinen Schiffen auffm Meere sich sehen lassen. Den anderen Theil aber davon behielten die Römer vor sich unter dem Nahmen einer Provintz/ und liessen ihn von Demetrius Farius als einem Administrator beherrschen/ denselben/ weil er zuvor durch willige Ubergabe ihnen einen sonderlichen Dienst erwiesen/

mit

mit einer Ergetzligkeit diesfals anzusehen.
Dieser aber aus gleicher Unbeständigkeit/ welche er der Teuta zum Nachtheil zuvor an Tag gegeben hatte / fassete / indem er seine Principalen mit den Carthaginensern verwickelt sahe / und sich auf der Macedonier Secours verließ/ den Muth/ sich wider sie auffzulehnen / aber Lucius Æmilius Paulus, so nach der Provintz abgesandt wurde / hatte das Glück diesen Rebellen zum vorigen Gehorsam zu bringen / wie er ihn denn endlichen nöthigte in Macedonien zu entfliehen/ allwo er einige trouppen von König Philippo, so des Königs Hannibals Alliirter / und der Römer Feind war/ erhalten/wurde aber / weil sein Unternehmen/ die Römer aus Illyrien zu verjagen / mehr als einmahl unglücklich ablieff/ auffs Haupt geschlagen und erlegt.

GENZIUS der andere König in Illyrien/ so sich mit Perseo Sohne gedachten Philippi Königes in Macedonien conjungiret hatte / ist derjenige gewesen/ welcher zur dritten action mit den Römern/

und zu gäntzlicher Unterdrückung des Königreichs Illyrien Anlaß gegeben hat; Sintemahl da er dadurch einen neuen Anschlag sich unter Vorwand seiner Lands-Leute Freyheit durch Macedonischen Beystand wieder empor zu bringen / ist er von erwehntem Paulo Æmilio überwunden / und in einem Treffen ohnweit Scutari erschlagen / seine Staat aber dem von den Römern schon zuvor occupirtem Theile incorporiret worden. Es ist aber bey dieser Gelegenheit der Ruhm des gemeldten grossen Generals durch ein doppeltes Laster / nemlich / der Geldgier und Treulosigkeit / überaus besudelt worden. Denn ob er wohl mit sechzig Städten dieses verheereten Landes / welche sich ihm willig ergeben / tractiert / und nechst Erlegung gewisser Summen / sie von Rauben und andern Krieges-Unheil zu befreyen versprochen / hat er doch nicht allein die Gelder in Empfang genommen / sondern auch wider parole die Städte alle in einem Tage gantz außplündern und verderben lassen.

Nach

Erster Theil.

Nachdem nun die Römer der Plätze/ so dieser Genzius inne gehabt/ sich auch bemeistert hatten/ haben hernach die Einwohner der Stadt DELMA, so heut ein Schloß in Boßnien ist/ andere 26. Oerter ihren wegen der revolte gefasten Schluß gleichsal zu er-reiffen bewogen. Fasseten also eistheilig den Muth/ denen Römern das Haupt zu bieten/ und gaben dem Striche dieses gesamten rebellierenden Landes den Nahmen Del- oder Dalmatien/ wozu in geringer Zeit noch andere 70. Oerter gestossen. Rücketen auch unsäumig nach dem Meere zu/ sa sie fingen an die unter Römischer Bottmässigkeit gebliebene Städte dermassen zu beunruhigen/ daß diese sich von neuen genöthiget sahen zu den Waffen zu greiffen:/ wofern sie noch etwas von ihren vorigen conqveten zu behalten gedachten. Zu dem Ende Marcus Figulus gegen dieselbe außgesand wurde/ der sie dañ auch zurücke geschlagen/ und vermocht hat nicht eben als der Republiqve unter-
w. fs.

worffen zu leben / sondern nur derselben zu Unterhaltung guter Freundschafft sich endlich zu verbinden. Wodurch sie wieder Muth bekommen/ und nachdehm die bekante æmulation zwischen Cæsar und Pompejus, wessentwegen sie beyde alle ihre Macht beyeinander halten musten/ entstanden/ thaten die Dalmatier denen Römischen Städten auffs neue tausenderley tort an/ biß Cæsar, so bald er vor jenem den Platz behalten/ dieselbe zum Gehorsam gebracht/ und biß an sein Absterben darinn erhalten.

Nachdem derselbige aber entleibt worden/ und der Römische Staat abermahls in Unordnung gerathen/ haben die Dalmatiner nach ihrer Freyheit wiederum gegriffen/ und obwohl Brutus, einer von dem geschwornem Widerpart des Cæsaris, ordre erhalten hatte/ sie zu bekriegen/ ist er doch anderwärtig aufgehalten worden/ daß er die aufgetragene Commission nicht werckstellig machen können. Also fiel dem AUGUSTO als erwehltem Oberhaupte die Last dieses

Erster Theil. 17

ses Krieges auf den Halß/ welchen er a-
ber nicht allein/ sondern noch einen viel
wichtigern und gefährlichern/ der zu gleicher Zeit entstanden/ mit beywohnendem
beständigem Glücke rühmlichst zu Ende
gebracht.

Es rückete nemlich eine starcke Horde
Barbaren/ die von Mitternacht gekommen waren/ und sich in Sarmatien und
Pannonien biß achthundert tausend ver-
stärckt hatten/ heran/ dieselbe hatte schon
Jllyrien gleichsam überschwemmet/
und dräuete/ nicht allein diese/ sondern
auch alle Provintzen des Reichs zu ver-
schlingen. Als aber Augustus alle/ so
in Italien zum Kriege tüchtig sich befan-
den/ aufbieten lassen/ und dem Tiberio
die Generals-Stelle über diese Armade
aufgetragen hatte/ ist der gröste Theil dieses Barbarischen Schwarms in unterschiedlichen Scharmützeln zernichtet/ und
nicht allein Jllyrien/ sondern auch Pannonien oder Ungarn dem commando der
Römer wieder unterwürffig gemacht
worden/ biß TIBERIUS den Uberrest

18 Beschreibung von Dalmatien

rest davon gäntzlich verfolget/ und von einem so considerablen Sieg, PANNONIUS genennet worden.

Dergestalt verblieb abermahls Dalmatien eine Römische Provintz/ die von denen Præfectis oder Stadthaltern nach den Gesetzen des Reichs beherrschet wurde/ biß daß zu MAXIMINI Zeiten ohngefehr im 220ten Jahr nach Christi Geburt andere Barbaren / die von Scandia herkamen / und ein Zeitlang sich in Polen aufgehalten hatten / von neuen in Ungarn und Illyrien einen Einfall thaten. Diese haben das Stük Landes / allwo sie sich nieder gelassen / nemlich vom Drau-Fluß biß herunterwerts des Moers/ Slavonien / welches in ihrer Sprache ein Herrliches Land bedeutet / heyßen lassen. Denn wie das Wörtlein Slav so viel gilt / als einen vornehmen Menschen/ oder eine ruhmwürdige Sache/ so haben sie mit diesem hochmüthigen Zunahmen vom Zunder ihres Ehr und Blutbegierigen Vol-

Erster Theil.

Vornehmens angeflammet sich bey andern Potentaten ansehnlich oder formidable machen wollen.

Von der Menge nun der Völcker/ so mit dem Nahmen Slaven benennet/ und in unterschiedliche Theile der Welt sind zerstreuet worden/ kommt/ daß sich einige irren lassen/ und alles was sie von denen Sclaven beschrieben finden/ einer einkigen Nation zueignen; Welches doch von der Historischen Wahrheit sehr entfernet ist/ sintemahl von denjenigen Barbaren/ so aus Scandia heraußgangen/ und den Nahmen Slaven/ das ist/ wie gesagt/ vortreffliche oder edelgebohrne Leute/ angenommen/ sich viele in anderen Ländern niedergelassen/ und unter denen Gothen/ Wenden/ Herulern/ und Hunnen unterschiedliche Kriege geführet haben.

Daher hat auch das Wörtlein Slave seinen Ursprung/ wenns diejenige so im Kriege an statt gesuchten fortuns, gefangen/ und des Uberwinders discre-

discretion überlassen werden/ bedeuten
soll. Denn als die Europæische Natio-
nes sich diesen Barbaren/ welche auß
ihren Posten offt mit grosser Furie und
grausamen Streiffen den gemeinen
Frieden zu stören heraus fielen/ tapfer
widersetzten/ und in Verthädigung ihrer Güter und Freyheit das Glück hat-
ten/ der Feindseligkeit dieser Barbaren
obzusiegen/ schenckten sie ihnen das Le-
ben/ macheten sie zu Leibeigenen/ und behielten dieselbigen eigenthümlich/ damit
sie alles/ was eine rechtmässige Andung/
und absolute Herrschafft ihnen zur
Straff ihrer verübten unbilligen Ge-
walthätigkeit zu leide thun mögte/ausste-
hen mögte. Wie also die Soldaten einen
jeden vor Geld sie überliessen/ und die
Anzahl dieser Gefangenen in Europa,
da sie hin und wieder zerstreuet worden/
mercklich zunahm/ ist dieser Slaven-
Nahme/ der sonst Ruhm und Herrlig-
keit anzeigen solte/mit der Zeit zum Spott
und Hohn/ solchen Uberwundenen und
zu den

Erster Theil. 21

zu den verächtlichsten und beschwerlichsten Dienstbarkeiten auf ewig gewidmeten Leuten gegeben worden.

Es sind aber alle andere Barbaren/ so in verschiedenen Theilen Europæ, und sonderlich/wie berühret/zwischen Ungarn und Jllyrien/ oder viel mehr zwischen die Drau und die Sau/in einem Stück Landes/ so noch heut zu Tage den Nahmen **Slavonien** behalten hat/fest und ruhig sich gesetzet hatten/bey ihrer Benennung **Sclaven** geblieben. Und ist zu glauben/ daß sie nicht allein in diesem Theil Landes absolut gewesen seyn/ sondern daß sie auch ihre Regier-Sucht biß ans Meer außgebreitet haben/ sintemahl von einem solchen Reich/und vielen Kriegen/so allda zwischen verschiedenen Königen seyn vorgegangen/ noch viel Nachricht überblieben ist.

Im Jahr 476. als Keyser Zeno die Herulier aus Italien verjagen wolte/ berief er zu dem Ende/ oder bat vielmehr den Theodoricum, der mit seinen Go-
thett

then in Thracien campirte/ heran zurücken; welchen Vorschlag jener willig angenommen/ und wie die Scribenten melden/ gleichsam spielg heus und ohne Mühe Dalmatiens sich bemächtiget/ al wo er die Slaven geb müthiger/ von dannen sich nach Retia erhoben/ und das Vornehmen/ Italien von den Herulien zu befreyen/ zu Wercke gestellet/ jedoch mit Barbarischer Treu/ oder Teutsch zu sagen/ schändlicher Untreu/ indem er den Nahmen eines Helfers auß der Acht gelassen/ und sich zum Souverain die schönen Landes/ und der andern im Nahmen des Keysers auf seiner Reise eroberten Plätzen gemacht.

Dergestalt ist Dalmatien mit den Slaven/ dem des Theodorici Reiche einverleibet worden/ welcher bey Regierung Anastasii und Justini, so von den Waffen der Persianer beunruhiget waren/ wider niemand zu fechten hatte/ und also die ruhige Besitzung seiner conqveten leicht maintenieren konte/ wozu desselben eigene Klugheit und gute Conduite, welche

ihn

Theil. 23

n bey den Italiänern beliebt machte/
n mercklichen Betrug. Nachdem aber
r glor... ... Keyser JUSTINIAN
... ... Händen bekommen und
... ... gestellet hatte/ da
... Reich abgewackte wieder zu ero-
ern/ ließ er einen Einfall in Dalmati-
thun/ ... ... die Gothen glücklich
... ... auch anderswo durch
... ... berühmte Belisarii ande-
sehr wichtige Victorien/ auß denen die
freuliche Hofnung erwuchs/ daß man
e Keyser in voriges Ansehen und Splen-
tur wieder eingesetzt sehen würde.
So bald aber Belisarius durch der
... Mißgunst unterdrücket/
nd das Reich also eines tapferen und
riegs-verständigen Helden beraubet
urde/ haben die Gothen/ so durch seinen
pferen und glücklichen Arm gedemüthi-
... wieder Muth gefast/ und To-
ilam ... ... der Königlichen
Würde ... ... beruffen/ der sich
bann auch mit seinem Bruder Ostroil-
o, und einen starcken Armée neu gewor-
benen

bener Mannschafft nach Italien aufbrach. Es war aber vergeblich/daß die Gouveneurs aus Dalmatien und Istrien sich unterstanden ihn auf denen Ungarischen Frontieren aufzuhalten/denn als sie mit ihm zutreffen sich heran wagten/musten sie beyde mit ihren trouppen durch des Totila Waffen dahin fallen.

Mitlerweil setzte dieser seine Reise durch Friuli fort/ Ostroillus aber/ der in Dalmatien geblieben war/ bemeisterte sich desselben mit Gewalt/ avancirte in Eroberung der Städte biß nach Dioclea (eine Stadt/ so in der Prevalitaner an Macedonien gräntzenden Landschafft gelegen ist) allwo er seinen Sitz genommen hat. Und weil die conqvéten einem tapferen und aufgemunterten Gemüthe nur eine Kühlung sind/ welche den Durst/mehr zu erwerben/ mehr erhitzet als löschet/so hat auch dieser seinen Sohn Seno-oder Sevioladum mit einigen detachementen seiner Völcker Ostwerts die dorthin gelegene Oerter dem schon besessenen Staate anzuknüpfen abgefertiget

get. Indessen bekahm Justinian wieder Hofnung entweder wegen Abwesenheit dieses Bruders/ oder wegen Zertheilung der Gothischen Kräffte/ dieselbe gantz aufzureiben/ schickte zu dem Ende einen von seinen Feld-Herren (obs Narsetes, oder wer es gewesen/lässet sich nicht eigentlich sagen) in Dalmatien/dem sein Vornehmen gelunge/indem er glücklich den Meister über Ostroillum spielete. Die Proving erkante schon wieder ihre vorige Herren/ wenn Senuladus auf erhaltene Nachricht von seines Vaters Tode nicht wäre schleunigst/solchen zu rächen/ herzugeeilet/wie er denn mit seiner Gegenwart und Hülffe bey sich habender Milice die geschlagene und in den Bergen flüchtige Gothen wieder encouragiret/ und also die Frucht/ so das Reich aus dieser erhaltenen Schlacht einzuerndten hätte hoffen können/ zernichtet.

Nachdem nun dieser immer mehr und mehr seine Herrschafft in Dalmatien fest gemacht hatte/unterließ er nicht (wie auch seine Nachkommen thaten)

B die

die am Meer gelegene Städte / so die
Römer vor ihre Oberherren erkandten/
wiewohl ohne Eroberung/ zu alarmiren.
Welches Zeit währender Regierung des
Justini, Tiberii, Mauritii, und Phocæ,
also bey nahe ein gantzes Seculum durch
continuiret hat.   Unter dem Heraclio,
so von den Longobardern und Persia-
nern entkräfftet worden/ war die Macht
des Keyserthums gantz zerrüttet / drum
nahmen die Gothen das tempo in acht/
verübten wider die Reichs-Städte! solche Feindseligkeit / daß sie Salona/
Scardona/ Narenta und Epidaurus/
als die Vornehmsten mit vielen andern
in die Asche zulegen sich nicht gescheuet
haben/ und nur allein Zara/ Trau/ und
Sebenicko/ mit den nach Abend gelegenen Insulen in der Keyser Gewalt blie-
ben/ in welcher sie dann ihre Anfode-
rung und Gerechtigkeit auf Dalmatien
erhalten konten.

Daß dieser considerabler Staats-
Wechsel in Dalmatien bey Ende der
Regierung Heraclii vergangen sey/ ist
wohl

wohl glaubwürdig/deñ die dadurch verursachte Verwüstung hat die Gutthätigkeit Pabstes Johannis IV. bewogen die Schätze der Römischen Kirchen zu Hülffe der Christlichen Dalmatier als seiner Landsgenossen vorzuschiessen/wie er sie denn auch in Rom nicht allein willig aufnahm / sondern auch mit dienst-hafftiger Mildigkeit auß den Händen der Gothen als ihrer Uberwinder rantzionirte/denn es sahe der H. Vater auch vorher/daß in dieser Zerstörung die Reliqvien und Leiber der Heiligen so in denen Kirchen/die dieser noch Heidnischen Slaven Grausamkeit aussteen musten/ aufgehoben waren / nicht unversehrt bleiben würden; Ließ sie derhalben nach Rom / oder an Oerter so von derselben Einfall frey waren / transportiren.

Also verbliebe gantz Dalmatien (die Stätte Zara/Trau/und Spalatro ausgenommen) in der Gothen Gewalt/wiewohl solche Freude nicht gar lang daurete / denn als die **Crobaten** / oder **Croaten**/ auch auß Norden neue Siße zu suchen heranrückten/ und die Gothen in dem nach West gelegenem Theile von Dalmatien angriffen/ haben sie dieselbe/ ob sie wohl die ersten oder ältere Besitzere waren/ ihre Posten zu verlassen gezwungen/ das neu von ihnen aufgerichtete Reich mit einem doppelten Nahmen/ **Croatien** und **Dalmatien** benennet/ und mit dem ersten ihren eigenen Ruhm befödern/ mit dem anderen Nahmen aber/ daß das eingenommene Land ein Theil von Dalmatien sey/ zu verstehen geben wollen. Und das ist meinem Bedüncken nach die Ursach/ daß die gemeine Beschreibungen dieses Reichs so schwer zu verstehen sind/ dieweil so wohl das Römische Reich/ als die Durchleuchtigste Republiqve Venedig/ in Ansehen der Städte/ so sie damahls beyderseits darinnen besessen/ sich davon geschrieben. Zu gleicher Zeit befanden sich noch zwo andere verschiedene Regierungen/ so beyde über Dalmatien die Oberhand führeten. Von solchen allen ich ordentliche/ und die aller-

Erster Theil.

ler gewisseste Nachricht/ so ich in alten so wohl als neuen Scribenten habe finden können/ ertheilen werde; will aber zuvor von dem so genandtem Meridional-Dalmatien oder Servien/ hernach aber absonderlich von dem nach Norden gelegenem/ oder Croatien handelen.

Das II. Capitel/
von den
Königen
Des nach Mittag gelegenen
Dalmatien
sonst Servien genant/
und derosélben Regierung.

Alldieweil das jenige Theil in Dalmatien/ so die Croaten erobert haben/ mit gewaffneter Hand ohne Verlierung gar zu langer Zeit eingenommen worden/ so sind die Gräntzen/ welche das Dominat der alten und neuen Besitter geschieden haben / sehr ungewiß. Auß den Verordnungen aber / so die Könige drüber gemacht/wird zu vernehmen seyn/ was davon zu glauben sey. Weßwegen ich zur ordentlichen Beschreibung derselben schreite.

I.
OSTROILLUS

ist/wie man vorgibt / von den Ungarischen Gräntzen kommen / und hat dies Land eingenommen biß nach Dioclea, so an der Macedonischen Gräntze/ oder in der Prævalitaner Landschafft gelegen [wiewohl die Stadt Dioclea nicht weit vom Adriatischen Meere entfernet ist] nachdem er allda den Thron seines Reichs festgesetzet / hat er dies Zeitliche gesegnen müssen/ und zum Nachfolger seinen Sohn

II.
SEVIOLADUM

oder Senuladum gehabt/ welcher seines Vatern Tod zu rächen sich zwar zurück gewandt/niemand aber/ andem er seinen Muth kühlen mögte/angetroffen/ alldieweil

weil des Justiniani Krieges. Heer sich retiriret/ und die Früchte des erhaltenen Sieges muthwillig verlohren hatte. Er gewan also wieder/ was die Kayserlichen zu ihrer devotion zu bringen angefangen hatten/ residirete in Dioclea, und beherrschete alles was heut zu Tage unter Dalmatien/ Croatien/ Bossina und die Wallachen gehöret/ die See-Städte aber in Dalmatien/ weil sie mit starcken Garnisonen und Aussenwercken versehen/ hat er vergebens attaquiret; Im übrigen aber sich als einen eiffrigen Verfolger derjenigen/ so in seinen Ländern den Christlichen Glauben bekandten/ erwiesen. Sein Sohn

III.
SELIMIRUS

war einer gantz andern humeur, denn ob er wohl ein Heid und Götzendiener/ hat er sich doch zum Mitleiden gegen die Christen bewegen lassen/ deßhalben alle diejenigen/ so durch seines Vaters Tyranney vertrieben / auf erhaltene Nachricht von gütiger Regierung dieses Seli-
miri

miri wiederkamen. Welches seinem
Staat nicht geringen Vortheil verursa-
chet/ weil dadurch die Provintzen so eine
Barbarische Grausamkeit gantz von
Leuten entblösset hatte/ wieder belebet
wurden. Es ist nicht kundig/ auß was
Ursachen Selimirus seine Residentz von
Dioclea nach Scutari transferiret habe.
Entweder hat er diesen Ort/ wie einige
schreiben/ damahls erst erobert/ und durch
seiner Gegenwart desto besser im Zaum
halten wollen/ oder es ist derselbe plaisan-
ter/ und zu Regierung seines Staats bequemer gelegen gewesen. Die Gelin-
digkeit/ womit er die Christen tractirte
dauchte ihm eine gnugsame merite und
Ursach zu seyn von Justino zu begehren/
daß derselbe ihn vor einen König erken-
nen/ und in Besitz desjenigen/ so er mit
seinen Waffen erworben / confirmiren
mögte. Es gab ihm aber der Keyser ab-
schlägige Antwort/ zweiffels ohne dadurch die Anfoderungen auf diese Pro-
vintzen/ die er wieder zu gewinnen ver-
hoffte/ in Vigueur zu erhalten. Wiewohl

Erster Theil. 33

wohl man nicht lieset/ daß er auf einige
Weise das geringste zu solchem Ende sich
unterfangen habe. Nach einer langwirigen
Regierung/ welche durch nichts als
den schändlichen Götzendienst beflecket
gewesen/ hat Selimirus den Thron dem

IV.
ULADAN

oder Bladino, welcher den Königlichen
Sitz zu Salona aufgeschlagen/überlassen.
Es ist wohl probable, daß als die Gothen
diejenigen See-Städten in Dalmatien
/ welche das Römische Reich
vor ihr Oberhaupt erkandten/ nebst des
Ostroitti Nachfolgern zu überrumpelen
trachteten/ er diese Stadt endlich zur Ubergabe
gezwungen / und sich drinnen
aufzuhalten angefangen/ damit er die anderen
in der Nähe desto besser beunruhigen
konte / welche auch nachmahls fast
alle/ wie droben schon berührt/ in die
Hände seines Nachfolgers gerathen.
Unter seiner Regierung sind die von dem
Fluß Volga also genandte Bulgarn
in Moßkau kommen/ wo sie zwar anfangs

B 5

fangs wohneten / aber hernach neue Sitze dißseits der Donau suchten / und nachdem sie einen langen Strich Landes / so an Dalmatien angräntzt / eingenommen hatten / musten die Göthen / damit sie nicht von dem Ihrigen verjagt würden / ein stets wachendes Auge auf sie haben; Als aber diese beyde Völcker / so wohl was die Art zu leben / als die Religion betrifft / nicht sonderlich unterschieden waren / ist unter ihnen eine von Crisus der Bulgaren König beschworne Freundschafft und gutes Vernehmen aufgerichtet worden. Uladan fuhr also zu herrschen ruhig fort / und besorgte von dieser Seiten nichts feindliches / sein eigener Sohn aber versuchte durch allerhand ersinnliche Mittel ihn vom Throne zu stürtzen / welches er auch bald darauf / vermuthlich nicht ohne verübte Gewalt / erhalten. Dies war

V.

RADIMIRUS,
der mehr Feindschafft als seine Vorfahren gegen die Christliche Religion verübet

Erster Theil.

übet/ und weil er gar zu grosse Lust hatte über die Römischen See-Städte den Meister zu spielen/ hat er sie mit grausamen und unauffhörlichen Hostilitäten so lang abgemattet/ biß er sie fast alle zu seinem Gehorsam gebracht hat. Die Verwüstung so er darinnen angerichtet/ indem er dieselbe nach gewaltsamer Eroberung in die Asche erbärmlich geleget/ und das grausame Verfahren/ womit er diejenigen/ so bey der Einnehmung nicht sind niedergehauen worden/ jämmerlich plagte/ bewoge den Pabst Johannem IV. zum Mitleiden/ der dann wie oben erwehnet/ die Cassa der Römischen Kirchen/ ihnen ihr Leben und Freyheit zu retten/ zimlich angesprochen/ und weil Radimirus sein wütendes Müthgen auch an denen ehemahls aus Andacht gestiffteten monumenten/ Kirchen und Heiligthümern kühlen wolte/ hat gleichfals der gute Pabst durch reichen Vorschub so viel als möglich gewesen/ davon in salvo bringen lassen. Nachdem also die Einwohner dieser zerstörten Städte sich

ten sich auff die rauhesten Gebürge / oder
in die nechstangelegene Städte Welsch-
Landes zerstreuet hatten / stirbt Radimirus eines Tyrannen-Todes / nemlich ohne Rhum und Erben. Der Staat ist
gleichsam von vier wilden Thieren/ deren
Nahmen in denen Geschicht-Büchern
nicht auffgezeichnet worden / zerrissen
worden. Es haben nemlich viere/ einer
nach dem andern regieret / oder vielmehr
sich selbst auff dem Thron / wie auff einem Altar auffgeopfert. Und da also
durch Hinsterben dieser viere / welche
sämtlich geringe Zeit geherrschet haben/
das in Reich-Ruh gesetzet worden / hat
der Himmel nach dem Ungewitter die
Sonne wieder scheinen lassen. Es ist
nemlich

X.

SUINIMIRUS,

welcher denen Christgläubigen wiederum
Erqvickung gegönnet / succediret.
Welche dann die wüsten Städte wieder zubesetzen/ und die Gothen mit ihrem eigenen Exempel zu Annehmung des

H.

H. Evangelii zu bewegen/ sich wieder eingestelt. Die Gelegenheit zu Beförderung ihrer Bekehrung hat Constantinus, Cyrillus genandt/ Leonis eines Patricii Sohn aus Constantinopel gegeben/ denn dieser ist bloß aus Eiffer die Irrigen zu bekehren/ und in der Bulgarey das Evangelium zu predigen/ von Thessalonien/ wo er sonst wohnete/ auffgebrochen/ allwo auch GOTT zu seinem Pflantzen und Begiessen dermassen sein Gedeyen gegeben/ daß der gröste Theil dieses Volckes das Liecht des H. Evangelii angenommen hat. Als er nun auff Päbstliche ordre nach Rom sich erheben wolte/ komt er durch Dalmatien/ vc. er in Bekehrung der Einwohner ein merckliches außrichtete. Der König Suinimirus selbst bewilligte/ daß sein Sohn Budimir, die Tauffe bekam/ und Suetopeleck/ das ist/ ein heiliger Sohn zum Prognostico der heiligen Verrichtungen/ die er vorgenomen hat/ genennet wurde.

Von diesem Cyrillo, welcher auff seiner

ner Reise nach Rom/ die confirmation deſſen/ was er ausgerichtet hatte/ und die Macht/ dieſe neubekehrten Leute in den ſchwerſten Glaubens-Articulen zu unterweiſen/ ſchrifftlich erhielte/ ſind die Kirchen-Ordnungen eingeführet/ und die H. Schrifft in die Sprache/ worinnen die Slavonier auff erhaltenes abſonderliches Privilegium die Bibel heut zu Tage noch brauchen/ überſetzet worden. Und zwar ſind nicht allein die Slavonier/ ſondern auch die bekehrte Bulgarn derſelbigen Gnad und diſpenſation theilhafftig worden/ daher man ſchlieſſen kan/ daß dieſe beyden Völcker einer eintzigen Sprachen ſich bedienet haben/ deñ ſonſten die Zulaſſung obgedachte verſion zugebrauchen/ dieſen wenig Nutzen und Troſt gebracht hätte. So bald nun

XII.
BUDIMIRUS

ſeinem Vater/ von welchem keine außdrückliche Nachricht/ ob er als ein Chriſt geſtorben ſey/ vorhanden/ ſuccediret/ hat er den Anfang ſeiner Regierung mit

Ergän-

Ergäntzung der zerstörten Röm. Städte/ welche nemlich anfangs Keyserlich gewesen/ und vom Könige Radimiro eingenommen und ruiniret worden/ gemacht/ und die dazu nöthige Kosten auß seinen eigenen privat Güdtern genommen. Und weil ein sonderlicher Eiffer bey ihm war den Christlichen Glauben zu beschützen und zu befördern/ schickte er nach Rom/ zum Pabst/ einige Nuncios, die mit ihm einhellig in Religions-Sachen sich bemüheten/ zu erhalten. Worauff zweye Cardinäle nebst so viel Bischöffen angekommen/ welche Budimirus, der damahls zu Dioclea residirte/ mit allen ersinnlichen Ehrbezeigungen empfangen/ indem er ihnen ausser der Stadt in Begleitung seines gantzen Hoffes entgegen gezogen/ und sie in seinem Königlichen Pallast/ Zeit ihrer Anwesenheit in Dalmatien // auffs herrlichste defrayiret. Zwölff Tage gab er ihnen audientz/ und nahm ihren Unterricht in Glaubens-Sachen an/ stifftete inzwischen die Thumkirchen/ und theilete sie unter die
Geist-

Geistlichkeit seines Reiches guß. Zweene Ertz-Bischöffe wurden beuennet/ und ihnen ihre Sitze zu Salona und Dioclea angewiesen. Dem Ersten solten die jenige Bitschöffe untergeben seyn/ so zu Spalatro, Trau, Scardona, Stranson (welches nunmehro in Stein und Aschen ligt) Zara, Nona, Arbé, Ossaro, Veglia (welche drey Städte auff Insulen gleiches Nahmens ligen) und in Epidauro (welches anietzo der Republqve Ragusa zukommt/ und nach Zerstörung Salona die Haupt-Stadt geworden ist) residiren würden. Dem andern solten die Bischöffe zu Antivari, Budua, Cattaro, Dulcigno, Suazio, Scutari, Drivasto, Poleto, Sorbio, Bosonio, Tribunia und Zachulmia, pariren. Die übrigen Tage brachte er zu/ indem er besorgt war alles in weltlichem Regiment heilsamlich anzuordnen. Er theilete das Reich ein in verschiedene Ban oder Gespannschafften und Vogteyen/ so er seinen eigenen Anverwandten/ sie seines Ansehens in etwas theilhafftig zu machen/ anvertrauete.

te. Dem zufolge ist er von denen Legatis, der Römischen Kirchen Gebräuche nach/ öffentlich gekrönet worden/ und zwar/ wie einige vorgeben/ da die Abgesandten des in Orient regierenden Keysers/ mit welchem der nunmehro auffm Throne befestigte Budimirus sich in alliance und Friedens-Tractaten eingelassen/ noch zugegen seyn gewesen. Nach dieser Krönung hat er noch 40. Jahr gelebt/ und allezeit den Nahmen eines guten und Gottesfürchtigen Regenten behalten/ wodurch die in Dalmatien eingeführte Christliche Religion dermassen zugenommen/ daß auch viele Klöster und Gott-geheiligte Oerter drinnen seyn gestifftet worden. Er hinterließ endlich des Thrones Besitz seinem Sohne

XII.

STEFOLICO,

welches in der Land-üblichen Sprache einen kleinen Heiligen bedeutet. Es hat auch derselbe in der That durch unsträfflichen Wandel die in seiner Kindheit von der künfftigen Frömmigkeit geschehene

Pro-

Prophezeyungen erfüllet. Zu Dioclez ist er von denen Ertz-und Bischöffen seines Reiches gekrönet worden/ seinen gantzen Lebens-Lauff hat er zur Außübung aller Tugenden gewidmet/ und obwohl die Historien/ die solches nur insgemein/ doch einhellig bezeugen/ uns die eigentliche Nachricht seiner gottseligen Verrichtungen mißgegönnet haben/ ist doch kein Zweiffel/ daß er derselben viele zum Auffnehmen der Religion/ und Ehre seines eigenen Nahmens glücklich außgeführt habe/ sintemahl er in keinem Stücke unglückselig gewesen ist/ als wegen seines Sohnes.

IX.
ULADISLAI,

welcher dem Vatter in der Tugend nicht nachgeartet/ sondern seine Regierung/ die nur wegẽ allerhand fauten/ Schwachheiten/ und Lastern bekand war/ verhaßt gemacht; War also sattsahm zu ersehen/ daß die Tugend nicht als sonst eine Erbschafft/ hinterlassen werde/ sondern eine Gabe des Höchsten/ und ein Acker sey/
der/

der/ so er seinen Besitzer mit schönen Früchten erfreuen soll/ im eignem Schweiß des Angesichtes müsse gebauet werden/ widrigen fals aber verwildere/ und nur Dornen trage. Ich meine auch/ daß Uladislaus mitten in seinem Lauffe/ da er eine wenige Zeit regiert hatte/ Dornen gefunden habe/ denn wie er sich einsten mit der Jagt divertierte/ ist er von einem unbändigen und wilden Hengste vom Berge heruntergestürtzt und zerquetschet worden/ und was das erbärmlichste ist/ so wird sehr an seiner Seeligkeit/ umb welche er sich so gar wenig bekümmert hat/ gezweiffelt/ wenn ihm GOttes Güte nicht im letzten Augenblick mit dem Glücke/ so dem Schächer am Creutze wiederfahren/ noch begnadiget hat. Ihm ist gefolget der Bruder

XIV.
TOMISLAUS,

welcher des Reiches Rhum/ indem er sich in allen als einem Nachfolger und Erben Gottseeliger Vor-Eltern bezeiget/ wieder empor gebracht. Die Frömmigkeit

keit war bey ihm mit einem Helden-Muth verknüpffet. Denn er selbst in eigner Person die Seinigen en chef commandiret/ der Ungern verwegenes Unterfangen/ indem sie seinen Staat verunruhigten/ zernichtet/ und so viel Palmen/ als ihre Anfälle waren/ mit grossem Rhum erworben. Als nun 17. Jahr unter einem gerechten und gnädigen Regiment/ verflossen waren/ hat er seiner Tochter Sohne/ wo er nicht gar sein selbst eigner Sohn/ wie einige schreiben/ gewesen/ dasselbe überlassen/ dessen Nahme war

XI.
SEBESLAUS.

Dieser wurde weiter von den feindseligen Ungarn discommodirt, er begegnete ihnen aber mit mannhaffter Tapferkeit/ und eben dem günstigem Glücke seiner Vorfahren; Es hatten nemlich jene an statt eines rechtmässigen Krieges seine angräntzende Ländereyen und unschuldige Unterthanen gantz mit Schwert und Feuer unbilliger Weise ruiniert, wie

sie

sie aber Kundschafft erhalten / daß er
unverweilt sich zu Pferd begeben / und
im Anzuge sey/ die Seinigen zu verthä-
digen / und ihre verübte Boßheit abzustraffen / durfften sie nicht Fuß halten /
sondern haben durch ihr Außreissen/ daß
sie diesem Helden gewachsen zu seyn sich
nicht getraueten / an den Tag gegeben.
Die Griechen haben gleiche Tapferkeit
bey ihm angetroffen/denn als sie/ich weiß
nicht / umb welcher Ursach willen/ Scutari mit Belägerung anzugreiffen herangerücket waren / sind sie von Sebeslao
überwunden/ und mit Schad und
Schand repoussiert worden. Ein zu viel
mitleidiges Gemüthe / so er zu seinen
zweyen männlichen Zwillingen auff
gleiche Weise getragen / hat ihn bey seinem Absterben das Reich unter sie zu
theilen bewogen; Es hätte aber der
Staat/ bey entstehender Mißhelligkeit
leicht Schaden nehmen können/ wenn

XI.
RABISNOI,
dem das Mittel-Ländische Theil zuge-
fallen

fallen war / keine Succession oder Erbfolge daran zu prætendiren sich nicht erkläret hätte/ wodurch dies Reich unter seinem Bruder vereiniget bliebe/ in wessen Nahmen er auch mehr/ als mit eigner autorité, sein Theil administrieret/ ihm auch solches durch sein bald erfolgtes Absterben gantz frey eingeräumet hat. Es wurde aber dieser Bruder

XVII.
VLADIMIRUS I.

genennet. Welcher/ nachdem er sich mit der Tochter des Hertzogs in Ungarn (: denn diese vor ihrer Bekehrung keine Könige gehabt) vermählet hatte/ von dieser Seite immerwährenden Frieden genosse/ umb der Ursach willen er auch ohne denckwürdigen Verrichtungen zu regieren und zu leben auffgehöret/ daß also das Scepter seinem Sohne in die Hände gerathen/ nemlich dem

XVIII.
CARANIMIRO.

Es erwieß sich dieser gegen seine Untert, anen

Erster Theil. 47

thanen überauß streng/und wie er ohne Mitleiden dieselben mit harten Aufflagen druckete/ gab er Anlaß/daß die Ober-Dalmatier sich wieder ihn empöreten/ Er gieng zwar mit gesamter Heeres-Krafft sie zu gehorsamer Unterthänigkeit wieder zu bringen/auf sie loß/ muste aber in einer unbesonnenen/ und allzueilfertiger Weise unternommenen Schlacht sein Leben einbüssen. Seinem Sohne aber

XIX.
TUARDOSLAO

haben so wohl vorbesagte Rebellen/ als andere Unterthanen willig gehuldiget/ weil jene seinem Vater nur allein um des ihnen auffgebürdeten allzuharten Jochs/ dessen Erleichterung sie vom Sohn hoffeten und erhielten/die Spitze geboten hatten. Dieser gewan also durch seine Gelindigkeit der Unterthanen allgemeine Zuneigung/ und weil er den Nahmen eines preißwürdigen guten Printzens/ aber keine Erben hinter sich ließ/ wurde er desto mehr bedauret. Auff ihn folget XV.

XX.
OSTRIVOIUS.

Von welchem die Historien berichten/ daß er durch keine andere Sache sich ums Reich verdient gemacht/ als daß er demselben einen gewünschten Erbnehmen verschaffet/ welcher war

XXI.
TOLIMIRUS,

denn derselbe als ein tapferer/ gerechter und hochbegeisterter Held den Nachruhm eines preißwürdigen Monarchen verdienet/ hingegen aber das gröste Unglück an der Person seines Sohnes

XXII.
PRIDISLAI,

erfahren müssen. Denn derselbe/ gleich als wenns fatal wäre/ daß auff einen ungemeinen Tugend-Glantz eine schwartze Laster-Nacht folgen müste/ von allen Schandthaten besudelt/ einem mit allen wohlanständigen qualitäten gezierten Vatter/ in nichts anders als nur im Reiche nachgefolget. Unter andern bösen Neigungen war er sonderlich der

Schnöde-

Erster Theil.

Schwelgerey und Geilheit ergeben/ solche zu contentieren/ gerieth er auch in Geiz und Tyranney/ und unterdrückte per fas & nefas die Habseligsten seiner Unterthanen/ sich also mit deren Vermögen zu bereichern/ Dahero die von Bosnia/ weil sie die entlegenste waren/ und deßwegen sich keines Uberfals versahen/ unter Anführung ihres Bani, sich auffrührischer Weise widersetzten/ worüber Pridislaus gantz erbittert mit einem Corpo sie zu überfallen auffbrach/ er wurde aber von ihnen auff dem Wege erschlagen/ sein Cörper zu grösserm Abscheu als eines/ so der gewöhnlichen Beerdigung nicht würdig gewesen/ im nechstfliessenden Strom geworffen/ und der Staat in eine Höchst-schädliche confusion gesetzt. Desselben Sohn

XXIII.

CREPEMIRO

wurde von den siegenden Rebellen vor untüchtig ihre an seinem Vater verübte unverantwortliche Untreu jemahls zu rächen angesehen/ wie er aber zu den Jah-

Jahren gekommen war/ daß er an solcher abscheulichen Treulosigkeit/ welche denen Unterthanen auff alle Weise wider dero Ober-Herrschafft verboten ist/ sein mißvergnügliches resentiment an den Tag geben kunte/ unterließ er nicht gegen die Boßnier/ so durch angemaßte independence die Frucht ihrer Empörung zugenießen vermeinten/ den Degen zu zücken/ und wie er sie wegen ihres Verbrechens rechtschaffen abgestraffet/ sich auch hiedurch formidabel gemacht hatte/ bringt er ihnen ein viel härteres Joch/ als sie jemahls versuchet hatten/ wieder auff/ und führt glücklich zu regieren fort. Gleichen respect hat er bey denjenigen/ so seinen Staat feindlich antasten wolten/ und Heldenmüthig abgetrieben worden/ sich erworben. Nachdem er drauff seiner Tochter einem Teutschen Hertzog/ so des Keysers Vetter war/ zur Gemahlin gegeben/ überläst er nach 25.jähriger Regirung die Krone seinem Sohn;

XXIV.

XXIV.
SVETORADO,

unter welchen die knechtliche Furcht der Unterthanen sich in eine auffrichtige Liebe gegen ihre Ober-Herrschafft verwechselte/ weil sie eine sonderbahre Zuneigung zur Frömmigkeit an ihm spüreten; Welche sich auch in seinem Sohne

XXV.
RADOSLAO I.

befande; Es wolte durchaus der Vater bey seinem Leben denselben gekrönet/ und als er vor sich vom Regiment abgedancket hatte/ auf dem Throne sitzen sehen. Es mißbrauchte aber dieser des Vaters Güte nicht/ sintemahl derselbe im Eiffer der Gerechtigkeit/ womit er seinen Staat gouvernirte/ dem Vater so ähnlich war/ daß er zwar von allen rechtschaffenen Leuten deßhalben höchlich geliebt/ von seinem eigenem ihm widerspenstigem Sohne aber endlich vom Throne auf folgende Weise gestürtzet wurde. Es empörte sich mit grossem Aufruhr ein Theil des Reiches/ welches in beliebblichen Ru-
hestand

Beſtand wiederzubringen / Radoslaus mit
ſeinem Sohne ſich auffgemachet hatte
da dann auf Gutbefinden der Krieges-
Verſtändigen die Königliche trouppen
in verſchiedenen Oertern zu agiren / ver-
theilt wurden. Ein Corpo davon führte Radoslaus ſelbſt an/ mit welchem er
auch glücklich die Rebellen zu gehor-
ſamer Unterthänigkeit verbündlich machte
pardonirte aber völlig auß angebohrner
clemence all ihr Verbrechen. Die andere Helffte der milice commandirte der
Sohn Ciaslaus, womit er gleichfals die
empörende bändig machte / bediente ſich
aber aufs ſtrengeſte des Rechtes eines
Uberwinders/und ließ denen Obgeſtutzten
die allerhärteſte Straffen / unter andern
die Beraubung ihrer Güter und freyen
Standes/ ſchmertzlich empfinden. Welches der Vater ſehr übel aufgenommen/
und hat deswegen ſeinem Sohne einen
ernſten Verweiß zu geben/kein Bedencken
getragen. Wie derſelbe nun nach ſeinem
ſtürmiſchen Kopfe nicht hauſiren konte/
erklärte er ſich anfänglich ſeinem Vater
gantz

gantz zuwider/ hernach aber/ wie er von
seinen/ ja auch seines Vaters Soldaten/
als welche die Lust zum Stehlen und
Rauben nach seine Fahnen gezogē hatte/
angefrischet wurde/ trug er keine Scheu
denselben öffentlich zu verfolgen/ so daß
er sein Reich mit dem Rücken anzusehen/
und nach Rom sich zu begeben gemüssiget
wurde. Dergestalt drange dieser un-
gerathene

XXVI.
CIASLAUS

durch/ und fieng/ jedoch mit wenigem
Glück zu regieren an. Denn er wurde
nicht lange hernach durch eine grausahme und schmäliche massacre wegen seiner
gottlosen Thaten und seinem Vater zugefügten Hertzeleids redlich bezahlet. Es
hatte Ciaslaus nebst dem Zugange zu seiner Hoffstatt/ auch die Thüre zu seiner
Gunst-Gewogenheit einem/ Ticomil ge-
nandt/ eröfnet/ dieser war ein vertrauter
und specialer Favorit eines Grandes in
Ungarn gewesen. Nachdem er aber eine Hündin/ woran Uladislaus (so hiesse
der

der Ungar) seine höchste Lust und Vergnügen hatte/ unversehens mit einem Stecken todt geschlagen / ist er gemüssiget worden sich von dannen zu packen. Nun fügte sichs/ daß Uladislaus aus dieser oder andern motif unversehens dem Ciaslao zum Trutz mit gewaffneter Hand in Boßnia einfiel. Welche Gewaltthätigkeit diesen zu den Waffen zu greiffen antrieb/ Ticomil aber/ der zu diesem Kriege Ursach gegeben zu haben vermeinete/ wolte seinem neuen Wolthäter und Beschützer einen nützlichen Reuterdienst thun/ und wie er verschmitzt und behertzt war/ also wagte er sich in des Feindes Lager/ und gab dem Uladislao den Rest/ befreyete also den Ciaslaum von fernerem feindlichen Uberfal/ und erhielte dafür von ihm zum recompence die beste Stadthalterschafft im Reiche. Es hielt sich der König annach eine Zeitlang in Boßnien auf/ und erlustigte sich mit der Jagd und anderen divertissementen/ die Witwe aber des ermordeten Uladislai war/ die Liebe/ so sie zu ihrem vom Könige in Un-

Ungarn ihr beygelegtem Gemahl getragen hatte/ an Tag zu legen/ auf rechtschaffene Rache bedacht/ begab sich derowegen Ciaslaum zu erhaschen/ mit einiger Mannschafft/ so sie selbst als Generalin anführe/ auf den Weg. Der Anmarsch war so geheim/ daß dieser nicht die geringste Kundschafft davon erhalten; wurde also/ indem er mit einem geringem comitat auf der Jagt seine Lust fortsetzte/ übereilet/ und fiel in die Hände dieser erbitterten Dame/ welche bey Erblickung dieses Unthiers wider die natürliche Sanfftmuht ihres Geschlechtes fast wild und rasend wurde/ sie ließ ihm anfangs Naß und Ohren abschneiden/ und wie sie den gantzen Tag durch grausamlich mit ihm verfahren/ ihn bey einbrechendem Abend in einem Fluß ersticken; diejenige aber so ihn auff dieser unlustigen Erlustigung begleitet hatten/ sind sonder einigem Wiederstand in die Flucht getrieben worden.

Also sühnte Ciaslaus die unbißiger Weise dem Vater angethane Plagen

auß/und machte mit diesem seinem Bey-
spiel erweißlich/ daß der Himmel selten
dergleichen Frevelthaten ungerochen vorbey streichen lasse/ja zu derselben Bestraf-
fung offt ungleichmässiger Mittel sich be-
diene; denn Gott als der Könige König/
und Verthädiger ließ die Anlaß dieser
Straffe aus einer geringen Ursach/ indem
er einen unschuldigen Refugié aufgenommen hatte/ erwachsen. Und hiemit endigte sich das Straff-Gericht Gottes noch
nicht/ indem solches auch übers gantze
Reich sich außgebreitet/ denn es wurde
selbiges von überaus vielen Zusammen-
Rottierungen zerrüttet/sechs von den vornehmsten Banen übten in verschiedenen
Oertern eine tyrannische Souverainetät/
und weil die Saracenen in der Meer-
Gegend lästerlich herum hauseten/ und
Ragusa vornemlich belagert hielten/mu-
ste man befahren/daß sie nach solches Platzes Ubergabe/ freye Gewalt/ das gantze feste Land zu verwüsten/ bekommen würden.
Dadurch wurden die Dalmatier/ die
sich von allem Beystand entblösset sahen/

nach

Erster Theil.

nach dem Keyser zu Constantinopel ihre
Zuflucht zu nehmen bewogen. Dieser
gab ihrem Ansuchen Gehör/ ließ derohalben eine ansehnliche Flotte eqvippi-
ren/und nach dem Golfo hinsegeln/zwang
auch die Saracenen damit/nach Apulien
sich wieder zu begeben/und wurde derselbe zum recompence solcher Befreyung
zum Ober-Haupt ihres Reiches/welchen
Titel die Griechen eine Zeitlang behalten
haben/ erkieset.

Es machten sich aber itzt gedachteGrie-
chen bey diesen neuen Unterthanen so ver-
haßt/ daß sie ihrer Herrschafft gantz überdrüssig wurden/derhalben/als diese Nach
richt erhielten/ daß der nach Rom gewi-
chene Radoslaus (alwo er auch mit Tode
abgangen / und mit Königlichem Pracht
im Lateran beygesetzet worden) zur andern Ehe mit einem Römischen Frauen-
zimmer geschritten sey/ und darin einen
Sohn Paulimirus genandt/ gezeuget ha-
be/ (wiewohl andere wollen/ daß derselbe sein Enckel/auß dem Petrislao gedachten Königs Sohn gewesen sey) boten sie

dem-

demselben die Crone an/ nebst Ersuchen/ daß er in Dalmatien kommen wolte. Er trug nicht lange Bedencken suthane offerte willig anzunehmen / wie er nun mit einer Suite von fünffhundert Personen/ guten theils Dalmatier/ so bey des Reichs Zerstörung nach Ableiben Ciaslai in Rom sich gesetzt hatten /, herankam/ wurde er mit grossem Freudengeschrey bewillkommt und zu Trebigna mit gewöhnlichem Gepränge gekrönet. Worauf er den Anfang gemacht hat das verwüstete Reich wieder auf die Beine zu bringē. Einige schreiben diesem

XXVII.
PAULIMIRO,

daß er habe Ragusa neu aufgebauet/ zu/ so/ daß es nunmehro viel fester und bequemer ist/ als das alte von den Saracenischen Schweinen zerwühlte Ragusa gewesen. Dies ist aber gewiß/ daß er den Raßischen Ban/ mit Krieg überzogen und zu Chor getrieben hat; weil er der eintzige war/ so ihn vor sein Ober-Haupt nicht erkennen/ und den allgemeinen Schluß

Erster Theil.

Schluß/ einem Printzen vom Königlichen Geblüte Gehorsam zu leisten/ nicht genehm halten wollen/ sondern mit dem Könige in Ungarn verabschiedet/ daß ins künfftige die Sau beyde Königreiche scheiden solte. Nach welcher action Paulimirus jählinges Todes verblichen ist/ und hat die Cron seinem Sohn überlassen/ der doch nach seines Vaters (welcher daher wenige Zeit des Königreichs Besitzer muß gewesen seyn) Todt zur Welt gekommen/ und

XXVIII.
TISCEMIRUS

benennet worden. Dieser Nahm/ welcher so viel als einen Tröster des Volcks importiret/ gab ein beglücktes und geruhiges Regiment zu hoffen Anlaß; Allein wie dieser Herr in schlechter positur stunde/ und das Glücke nicht sonderlich zum Freunde hatte/ auch die Bäni die unumschränckte Regierung/ welche sie in Abwesenheit der Könige sich anzumassen angefangen hatten/ ungern verliessen/ konte er seinem

ne Lebens-Zeit nur mit Rathschlägen zu/ auß denen nichts wurde. Er war nur in Ragusa seiner Mutter Heimath als Souverain respectiret/ und blieb endlich in einer Schlacht mit Hinterlaſſung zweyer Söhne/ so beydes das Väterliche Recht/ als auch den Muth zu fechten erbeten. Der Aeltere von ihnen war

XXIX.
PRELIMIRUS.

Dieser ließ sich gleichsahm auf Rechnung die Crone auffesen/ und nahm durch Beyhülffe seines Vaters Parthey-verwandten auch den Königlichen Titul über das Theil Dalmatien/ so ihn vor einen Ober-Herren erkante. Das Glück zeigte ihm bald darauf die Provintz Raſſia/ denn als derselben Ban wegen abgematteter Kräffte dem immerwärendem Abfall der Griechen nicht gewachsen/ ja gar von ihnen von Hauß und Hoff verjagt worden war/ kam er mit Weib und Kind

Kind zum Prelimiro, und legte sich/nebst Ubergebung alles Anspruchs/ so er auf einige Weiß an besagte Provintz haben könte/ in Unterthänigkeit zu dessen Füssen. Nun war diese Parthey nicht außzuschlagen/ ob er sich schon dadurch in schwere Händel engagirte. Prelimirus nahm deßhalben diesen Ban auff/ versorgte dessen Söhne an seinem Hoffe mit allerhand Aemtern und Ehren-Stellen/ und weilen er auch eine mannbahre Tochter von außbündiger Schönheit und unbeschreiblichen Qualitäten mitgebracht hatte/ ließ sich der König/ welcher noch ein junger unverheyratheter Herr war/ selbige zu ehlichen leicht bewegen/ den Vater durch solche alliance desto mehr sich zu verbinden. Es muste aber Prelimirus noch eine Zeitlang zusehen/ bevor er aus der cession des Bans einigen Vortheil schöpffen konte/ alldieweil die Griechen ihre in Rassia gemachte conqveten mit starcker Besatzungen wohl versehen hatten/ biß der Ban durch geheime Correspondentz und Uberredung

seinen raisons, mit welchen er sie ihm zu
pariren überreden wolte/ mit den Waffen
keinen Nachdruck geben/ brachte also seine Lebens-Zeit nur mit Rathschlägen zu/
auß denen nichts wurde. Er war nur in
Ragusa seiner Mutter Heimath als Souverain respectiret/ und blieb endlich in
einer Schlacht mit Hinterlassung zweyer
Söhne/ so beydes das Väterliche Recht/
als auch den Muth zu fechten erbeten.
Der Aeltere von ihnen war

XXIX.
PRELIMIRUS.

Dieser ließ sich gleichsahm auf Rechnung
die Crone auffetzen/ und nahm durch Beyhülffe seines Vaters-Parthey-verwand-
ten auch den Königlichen Titul über das
Theil Dalmatien/ so ihn vor einen Ober-
Herren erkante. Das Glück zeigte
ihm bald darauf die Provintz Rassia/
denn als derselben Ban wegen abgematteter Kräffte dem immerwärendem Abfall der Griechen nicht gewachsen/ ja gar
von ihnen von Hauß und Hoff verjagt
worden war/ kam er mit Weib und
Kind

Kind zum Prelimiro, und legte sich/nebst Ubergebung alles Anspruchs/ so er auf einige Weiß an besagte Provintz haben könte/ in Unterthänigkeit zu dessen Füssen. Nun war diese Parthey nicht außzuschlagen/ ob er sich schon dadurch in schwere Händel engagirte. Prelimirus nahm deßhalben diesen Ban auff/ versorgte dessen Söhne an seinem Hoffe mit allerhand Aemtern und Ehren-Stellen/ und weilen er auch eine mannbahre Tochter von außbündiger Schönheit und unbeschreiblichen Qualitäten mitgebracht hatte/ ließ sich der König/ welcher noch ein junger unverheyratheter Herr war/selbige zu ehlichen leicht bewegen/ den Vater durch solche alliance desto mehr sich zu verbinden. Es muste aber Prelimirus noch eine Zeitlang zusehen/ bevor er aus der cession des Bans einigen Vortheil schöpffen konte/ alldieweil die Griechen ihre in Rassia gemachte conqveten mit starcken Besatzungen wohl versehen hatten/biß der Ban durch geheime Correspondentz und Uberredung

redung/die national-Völcker auf seine Seite gebracht hatte/ da dann alle Mañschafft der Griechischen Garnisonen auff einen Tag von den Raßiern niedergemachet worden / wodurch der Ban in sein voriges Gouvernement wieder gesetzet/ Prelimirus aber darinn als Oberherr gehalten wurde. Dieser hatte 4. Söhne/ nemlich Valimirum, Boleslaum, Dragislaum und Preladium, unter welche er dies ohne dem zimlich schmale Reich auß einer wider die Politick streitende Zuneigung zertheilt/ so daß doch niemand von ihnen die Regierung auß folgender Ursachen in die Hände bekommen.

Des Prelimiri Bruder Cresimirus hatte des Boßnischen-Bans Tochter zum Ehgemahl genommen / lebte also bey seinem Schwieger-Vater/ und wurde/ als derselbe keine Leibs-Erben hinterließ/ in der Regierung sein Nachfolger. Außer die rechtmässigen Söhne hatte Cresimirus noch einen natürlichen Sohn mit Nohmen Legleth/ welchen er samt denen anderen zu erziehen willens war/ weil dieser
aber

Erster Theil.

aber ausser dem Mangel ehrlicher Geburt/ noch darzu ziemlich ungestalt am Leibe war/ unterliessen die andern selten/ demselbigen beydes vorzurucken/. befand sich also der Vater genöthiget anderwertig ihn zuverschicken uñ der absonderlichen Auffsicht seines Vettern Boleslai, der in Trebigna gesessen war/zu untergebē. Dieser empfieng ihn gantz gütig/ja verschaffte ihm auch zur mariage eine Dame aus selbigem Lande/ mit welcher Legleth eine fruchtbare Ehe besaß. Die darauß gezeugte Söhne wuchsen mit den Söhnen des Boleslai auf/welche ihnen ihres Vaters des Legleths unehrliche Geburth zum öfftern verweißlich vorhielten/ wie aber jene von lebhafftem esprit waren/ fiel es ihnen unmöglich solch Beschimpfen länger zuertragen/und als sie sich zusammen rottiret und heimlicher Weise wehrhafftig gemacht hatten / ermordeten sie in plötzlichem Uberfall alle Söhne des Boleslai, einen eintzigen Knaben nur außgenommen/welchen

chen die Mutter/ so von Ragusa war/ in diesem Tumult wegschaffte/ und also von dem grossen Unglück und Niederlage/ so die andern betroffen/ befreyet. Ob nun wohl Legleth mit seinen Kindern/ weil er ein Bastart war/nicht das geringste Recht zur Krohne hatte/ warff er sich doch tyrannischer Weise auff/und weil er Cattaro, allwo er eine gute Festung zu seiner Sicherheit/ in fall er angegriffen würde/erbauet/in Hände hatte/schlug er alldorten seine Hoffhaltung auf/hielte sich wie ein König stattlich gnug/ und hatte keinen Mangel an Bedienten/welche seiner Tyranney mit gewaffneter Hand den Rücken hielten. Nach Verfliessung aber einiger Jahre schnitte der alles regierende Himmel die Hoffnung gäntzlich ab/ so dieser den angemasten Besitz auf ewig zu behaupten sich gemacht hatte: Sintemahl die zu Cataro entstandtne Pest ihn mit seinen Söhnen unvermuthet hinweggerafft; die Dalmatier haben inzwischen eine gantz uneinige und zerrüttete Regierung an den vier Gebrüdern/

als

als des Prelimiri Söhnen/außstehen/und sämtlichen Gehorsam leisten müssen/doch haben sie keinen/weil niemand sich hat krönen lassen/mit dem Königlichen Titul verehret; Nachdem sie aber alle ohne Erben verstorben/und die Dalmatier in Erfahrung kamen/daß Sylvester Bokeslai Sohn nach Ragusa geflüchtet wäre/haben sie denselben zur Königlichen Würde beruffen/und ihm einhellig gehuldiget. Wurde also

XXX.
SYLVESTER

gekrönet/ welcher/ damit er sich bey seinen Unterthanen in credit setzen mögte/ allen ersinnlichen Fleiß anwandte durch heilsahme Gesetze die in den letzten Empörungen eingeschlichene Mißbräuche und Unordnungen abzuschaffen; Das Stunden-Glaß seines Lebens lieff aber viel zu geschwind auß/daß er also die vorgehabte gute Ordnungen nicht alle hat an den Tag geben können; Nichtsdestoweniger blieb doch der Staat in beglückter

ter Ruhe unter Regierung seines Sohnes

XXXI.

TURGEMIRI.

Zu dessen Zeiten Samuel die Griechen aus der Bulgarey verjagt/ und den Nahmen eines Königs angenommen; Weil nun dieser glückliche Streich ihn zu neuen conqueten lüstern machte/ stehet wohl zu glauben/ daß seine Gedancken schon damahls mit dem Unheil/ welches die Dalmatier einige Zeit darauff (wie wir unten melden werden) nicht eher vermuthet/ als gefühlet haben/ schwanger gegangen. Nichts anders liefet man von diesem Turgemiro, als daß er nach wenigen Jahren dem

XXXII.

VALIMIRO

das Scepter überlassen. Dieser hat auß schlechter Politick unter seine drey Söhne Petrislaum, Miroslaum und Draghimirun das Reich partagiret/ welches aber in Person des

XXXIII.

XXXIII.
PETRISLAI

wieder zusammen kommen ist/ Sintemahl ihm Draghimirus, wie auch Miroslaus, als Er ihn besuchte/ und auff der See bey Scutari Schiffbruch erlitten hatte/ sein Antheil abgetreten. Von diesem melden auch die Geschichte nichts preiß-würdiges/ als daß er Vater gewesen sey des

XXXIV.
ULADIMIRI II.

Dieser tapfermüthige und treu meinende fromme Printz hat sich Zeit seiner wärenden Regierung so verhalten/ daß dessen Andencken auch bey der spaten Nachwelt zu blühen nicht wird auffhören. Wider diesen hat sich Samuel vorgedachter König der Bulgaren in Harnisch begeben/ und mit dem besten Theil dieses Reichs/ welches er entweder durch Hinrichtung oder ewiger Gefangenschafft des Königes Uladimiri seinem Reiche anknüpfen wolte/ schier das Garauß gespielt. Gleichwie nun Frömmigkeit

migkeit und Gerechtigkeit in dieſer Welt
nicht allezeit in Roſen. gehen und die
Oberhand nehmen/ ſondern zum öfftern
im Staube liegen/ und mit Gedult
allerhand Trangſal außſtehen müſſen;
Ebener maſſen muſte auch der gute Uladimirus, weil er dem Anfall dieſes mächtigen Feindes den Kopf zu bieten nicht
vermochte/ auff einen Berg/ welchen
er zu attaquiren für unmöglich hielte/
ſich ſchleunigſt retiriren/ und erhielte
auff ſein inniglisches Anflehen von der
allmögenden Güte GOttes/ daß die
Schlangen/ ſo daſelbſt in groſſer Anzahl
herum ſchleichen/ ihm und den Sei-
gen keinen Schaden zufügen konten.
Erwartete mitlerweile in Gedult/ daß
doch die Zeit gegenwertigem Zuſtand einen fröllichen Wechſel vergönnen/ oder
etwa ein unvorſehener Zufall ſeinen
boßhafftigen Verfolger zurücke treiben
mögte. Es traff aber dieſe gemachte
Rechnung gar nicht ein/ ſintemahl Samuel in dem vorgeſetzten Schluß dieſen
Flüchtling todt oder lebendig zu haben

ja

je mehr und mehr verstärcket wurde/ und da er sattsahm ermessen kunte, daß bey so gestalten Sachen er par force solchen Zweck nicht erreichen würde, gedachte er vermittelst Verrätherey dahin zu gelangen/ brachte derhalben einen Confidant des Uladimiri auff seine Seite/ derselbe würckte mit vielen Uberredungen und Vorwenden/daß er ihn mit diesem Bulgarn außgesühnet hätte/ bey seinem Maitre so viel/ daß derselbe nichts böses vermuthende sich von der Klippen herunter zubegeben getrauete/ in Hoffnung mit Samuel numehro freundliche Unterredung zu pflegen/ allein so bald er das flache Land berühret/ ließ Samuel ihn in gefängliche Hafft nehmen/ impatronierte sich flugs darauff der Städte Cattaro und Ragusa, verheerte dieselbe mit Schwerd und Flammen unbeschreiblich/ und ließ derselben Festungs-Bäue demoliren. Gleiche Grausamkeit hätte er zu Dulcigno auch spüren lassen/ wenn dasselbe/ in seine Klauen gerathen wäre.

Zeit

Zeit wärender Inhafftirung des Königes wurde die gantze Provintz heßlich zugerichtet/ er brachte aber in einem finstern Loche die Zeit in gedultiger Gelassenheit zu/ biß ihn endlich der Höchste/ welcher dies Leiden über ihn verhänget hatte/ durch eine andere fast gleiche Gelegenheit von der Hand dieses Thrannen erlösete/ und also aller Welt zeigte/ daß er die Seelen/ so ihm lieb seyn/ aus der Gefahr zu reissen wisse. Es hatte Samuel eine Tochter mit Nahmen Cossara, welche nur mit geistlichen Gedancken und Gottseligen Verrichtungen ihre Zeit hinbrachte/ dergestalt/ daß jemehr sie ihren Vater vom Tugend-Wege abweichen sahe/ desto eifriger erwiese sie sich in Ubung der Gottseligkeit. Unter anderen löblichen Tugenden erwieß sie ein sonderliches Mitleiden mit denen Gefangenen/ so daß sie nicht allein dieselbe mit Darreichung überflüssiger Lebens-Mittel zu laben/ sondern auch öffters in eigener hoher Person/ denen Gefangenen mit ihrer Königlichen

chen Händen/ die Füsse zu waschen und Speise zu reichen/ sich in die Gefängnisse zu begeben pflag. Es konte nun dieser gütigen Cossarӕ die qvalité des Uladimiri, ob er wohl ohne einigem Respect seines Königlichen Herkommens mit gleicher Aufwartung der allerliederlichsten Missethäter vor lieb nehmen muste/ nicht unbekandt seyn. Sie besuchte derhalben ihn etliche mahl/ und condolirte ihm in seinem Unglükk/ da dann die Christliche allgemeine Liebe in ihrem Hertzen einen steiffen Vorsatz/ denselben unfehlbar von den Fesseln zu befreyen würckete/ ja eine andere doch züchtige Liebes-Neigung/ so durch Anschauung der wohlanständigen Sitten dieses unschuldig-gefangenen Uladimiri in ihrer Seelen gepflantzet wurde/ machte sie so kühn/ daß sie nicht allein bey ihrem Vater um desselben Loßlassung bittlich anhielte/ sondern auch ihr Anliegen frey offenbahrte/ nebst Betheurung/ daß nemlich/ so bald derselbe zu seiner vorigen Hoheit würde erhaben seyn/ sie niemals keinen andern zu ihrem Ehe-
Schatz

Schatz als diesen so frommen und großmüthigen Printzen, verlangen, oder leiden würde. Nun hätte man sagen sollen/ daß Samuel der Staats-Raison gemäß diesen Uladimirum, den er so treuloß und schimpflich gehalten/ nimmer wie zu Stande wieder kommen lassen / als welcher bey ereigender Gelegenheit sich des verächtlichen Tractements hätte erinnern/ und auf Rache bedacht seyn können. Der oberste Monarch aber / der die Hertzen aller Könige wie Wasserbäche leitet/ veränderte auch des Samuels Gemüthe dermassen / daß er auß zarter Liebe/ gegen seine Tochter/ nicht allein in verlangte Loßlassung und vorgeschlagene mariage einwilligte / sondern auch den Staat des Uladimiri ihm wieder einräumete/ Er gab noch darzu an statt der Morgengab Durazzo, und andere nach Dalmatien gehörige und von den Griechen eroberte Plätze mit/ und schickte also dies verlobte und vergnügte Paar das wieder erlangte Reich zu geniessen/ nach ihrer Hofstadt.

Und

I. Historischer Theil.

Und wer solte sagen/ daß der im vorigen Stand/ und nach so offt erlittenem Schiffbruch in der Port der Sicherheit wieder eingesetzte Uladimirus auffs neue mit einem Sturm unzehlicher Verdrießlichkeiten solte überfallen werden? Doch der Tod des Samuels, welcher mit ihm so unmenschlich und Gottes erbärmlich umgegangen/ war der Anfang einer neuen Verfolgung/ wodurch er auch einem Märtyrer gleich/ zum Besitz eines besseren Reiches/ darinnen die stoltze Ruh durch Verfliessung eines Armistitii, oder feindlichen Uberfall im geringsten nicht gestöret wird/ endlich gelanget ist. Radomirus Samuels Sohn succedirte dem Vater so wohl im Reiche als kriegerischem Muthe/ wolte aber seinen Befreundten Uladimirum mit Krieg nicht verunruhigen/ sondern richtete seine Waffen auf die Griechen/ und fischete denenselben in kurtzer Zeit eine gute Anzahl nicht geringer Oerter hinweg. Gleichwie aber die Politick selten mit der Pietät/ wie es doch billig seyn solte/ sich berath-

berathschlägt/ absonderlich wenns um Rache oder Wiederfoderung eines wichtigen Verlustes zu thun ist; Also wurde der Griechische Keyser/ welcher durch die harten Schläge des erlittenen Schadens fast die Hände aufzuheben ohnmächtig war/ schlüssig/ dem Radomiro einen einheimischen Feind zuerwecken; Ließ derhalben Uladislao, des Radomiri Verwandter anbieten/ daß/ wo er diesen auß dem Wege räumen wolte/ er ihn vor der Bulgarn König und seinen Bundsgenossen/ dem er mit Hülffe auf bedürffenden Fall beyspringen würde/ erkennen wolte. Dieser liesse sich durch das Schimmern des Cronen-Goldes die Augen so verblenden/ daß er die Abscheuligkeit eines Königs- und Verwandten-Mords nicht absehen konte/ deßwegen er diesen Anschlag nicht eher vernahm/ als bewerckstelligte/ und also das Regiment an sich risse.

Es sahe aber Uladislaus leichtlich vorher/ daß Uladimirus als Verwandter des entleibeten Radomiri zur Rache tha-

I. Historischer Theil. 75

chanen Mordthat sich anzuschicke gute Fug
hätte/ und dieses um so viel mehr/ weil er
als der Schwester und näheſten Erbin-
nen Ehe-Mann die Bulgarey vermöge
des Erb-Rechts prætendiren konte. Damit er also diesen Dorn/ mit welchem er
sicher zu gehen nicht vermeinte/ auß dem
Fusse ziehen mögte/ bemühete er sich eu-
serſten Fleiſſes/ wie er dem Uladimiro
entweder durch Eingehung eines Ver-
trages die Hände feſſeln/ oder durch Liſt
und Verrätherey an den Halß kommen
mögte. Jenes liesse sich vielmehr wün-
ſchen als hoffen/ ſintemahl dieser Recht-
liebende fromme Fürſt sich in ein Bündniß mit einem gewaltſamen Besitzer
des Reichs/ so ihm mit allem Fuge zuge-
hörte/ nimmer würde eingelassen haben.
Zu Vollstreckung aber des andern An-
ſchlages/ der auf jenes Entleibung gerich-
tet/ war es hochnöthig/ gute vertrauliche
Freundſchafft zu ſimuliren. Fertigte
zu dem Ende an Uladimir einige Gesandten ab/ mit inſtruction, demſelben zu hin-
terbringen/ daß ihr Principal nicht unge-

D 2 neigt

neigt wäre gute Correspondence und
Nachbarschafft mit ihm zu pflegen/ auch
damit die prætensiones, so einer gegen
den andern zu haben vermeinte/ desto
leichter und geschwinder in der Güte ae-
melieret werden möchten/ vor dienlich
hielte/ daß auff beyder Königreiche
Gräntzen man beyderseits eine persöhn-
liche Unterredung anstellte. Cossara,
welche das Blut des Radomiri in den
Händen dieses Mörders/ der ihren
Gemahl so treffliche Vorschläge thun
ließ/ noch rauchen sahe/ wiederrieth gleich
anfangs/ so viel sie konte/ daß ihr Gemahl auff assurance eines so treulosen
Tyrannen sich einzustellen nicht wagen
mögte/ sie erbote vielmehr selbst sich nach
demselben/ dessen propositiones zu ver-
nehmen/ zu begeben. Was geschah? Es
bliebe dabey. Sie machte sich also
auf den Weg in freymüthiger Zuversicht/
daß ihr Geschlecht auch bey den Barbaren selbst in consideration gezogen werde.
Uladislaus aber begehrte ihrer nicht; In
Betrachtung aber/ daß Sie gleichsam

I. Historischer Theil. 77

einen Lock-Vogel/ ihren Mann dadurch ins Garn zu bringen abgeben könte/ wurde sie mit allen ersinnlichen Ehren-Bezeigungen nach Würden bewillkommt/und ihr aufs höfflichste und prächtigste auffgewartet. Der König beklagte sich aus boßhaffter Gleißnerey/ wie leid es nemlich ihm wäre/daß ihr Gemahl seine Treue in Zweiffel zöge/ und einigen Argwohn zu seiner Freundschafft hätte/ da er doch solche mit allen erdencklichen Proben an den Tag zu legen sich bereitwilligst befinde. Wie klug auch fromme Leute seyn/ gehen Sie doch nicht selten aus den Schrancken gebührender Vorsichtigkeit/ indem sie anderer Leute Sinn nach dem ihrigen abmessen / und dieselbige Auffrichtigkeit/ welche sie in sich selbst empfinden/ bey anderen auch anzutreffen vermeinen. So wurde Cossara hinters Licht geführt/so wurde auch ihr Gemahl durch ihre Überredung betrogen! Sie kam nemlich zurück mit zween ansehnlichen Bischöffen/welche Uladislaus, die Königin biß zu dero Residentz zu convoyren/

D 3 mit

mit gegeben hatte. Dieselbe brachten zugleich ein Crucifix mit/ über welches dieser meineydige Bösewicht mit hohen Eyd-Betheurungē/ eine gute Zuneigung/ und/ daß er ihm nichts zu leide thun wolte/ versichert hatte/ da er doch ordre an die Seinigen schon ergehen lassen/ ihm auf dem Wege/ (damit er einiger massen seine Unschuld am Tode dieses Unschuldigen vorschützen könte) ohn Bedencken den Halß zu brechen. Uladimirus trauete also jenen Versicherungen und begab sich/ nicht besorgend/ daß er dem Tode in den Rachen gienge/ auf die Reise.

Es befreyete ihn aber GOttes Allmacht augenscheinlich durch vielfältige Wunderthaten von der unbilligen Gewaltsamkeit/ welche seine Reise-Gefährten schon auff dem Wege an seinem Leben zu verüben mehr als einmahl versuchten; Wie er aber an dem vom Himmel zu seinem Tode verhengten Orte anlangete/ begiebt er sich/ ehe er noch mit dem Uladislao conference halten wolte/

in

I. Historischer Theil.

in die Kirche/ damit er sich zum bevorstehenden und von oben herab ihm schon zuvor angekündigten Abschiede gebührend anschicken möge/ wird indessen auch gewahr/ daß sich auffs neue andere verwegene Diener von Hoffe zusammen fertig machten/ einen Versuch zu thun/ ob sie die öffters wunderlicher Weise hintertriebene Gewaltthätigkeit an ihm bewerckstelligen könten. Uladimirus nimt darauff das Crucifix zur Hand/ und wie er denen Bischöffen als Conspiranten dieser Verrätherey ihre Boßheit beweglich vorgerücket/ bekömt er so viel Wunden/ daß er bald darauff unerschrocken/ ja mit hertz-inniglicher Freude/ in ungezweiffelter Zuversicht/ sein Vergängliches/ mit dem ewigen Reiche zu verwechselen/ noch in dem Tempel seinen Geist auffgab. So bald Cossara hievon Nachricht erhalten/ wirckete zwar anfangs die zu ihrem Könige getragene Zuneigung in ihrem Hertzen nicht geringes Leidwesen/ mit dem sich Gedancken zur Rache vermischeten; doch ergab sie sich bald

bald in sothane Beraubung ihres Lieb-
sten/ und tröstete sich mit der fast gewissen Zuversicht/ daß dieser Todes-fall Sie
zur Gespouß eines nunmehro seligen Mär-
ters gemacht habe/ brachte mitlerweile zu
wege/ daß der entseelete Cörper ihr zurück gesandt wurde / welchen Sie zu
Creani, oder Creina, allwo Uladimirus
Hoff gehalten/ zur Erden bestätigen ließ.
Es verbliebe aber itzt gedachter Cörper
viel Jahr lang unverweset/ und behielte
das übersandte Creutz stein in der Hand/
worauff Uladislaus die Versicherung/
dem Uladimiro kein Haar zu kräncken/
beschworen hatte. Wurde also durch
dieß Wunderzeichen die untadelhaffte
Unschuld seines Lebens erweißlich ge-
macht/ und dem meineidigem Tyrannen seine unmässige Regiersucht/ und
wütendes Verfahren sattsahm vorgerückt.
Cossara fassete indessen den Schluß/ an
selbiger Stelle/ wie ein girrendes/ und den
Verlust seines geliebten Gattens beseuff-
tzendes Turtustäubgen/ das übrige ihres
Lebens zu beschliessen. Ließ sich derhalben

ben in das zu selbiger Kirchen/ worin ihr Liebster ruhete/ gehörige Closter einsperren/ und verharrete nach Abstattung der drey gewöhnlichen Gelübden biß an ihr Ende darinnen. Dem Meuchel-Mörder Uladislao aber giengs nicht nach seinem Sinne; Er vermeinete zwar/ daß er numehro durch Wegraumung Uladimiri zu Einnehmung des Reiches sich den Weg gebahnet hätte; Fienge derhalben an die vornehmsten Oerter mit ernster Belägerung anzutasten/ als er aber Durazzo enge eingesperret hielte/ und einsten in seinem Gezelte zu Nacht speisete/ soll ihm Uladimir, gleich als wolte er ihm den Scheitel wegschmeissen/ erschienen / Er aber/ nachdem er auß grosser Bestürtzung die Seinigen zu Hülffe geruffen/ in derer Gegenwart von einer unsichtbahren Hand zu Boden geworffen/ und in Stücken jämmerlich seyn zerhauen worden. Es sey nun wie ihm wolle/ nach Uladislai Ableiben hat sich dessen Kriegs-Macht unverrichteter Sachen zertrennet / und

XXXV.

XXXV.
DRAGHIMIRUS

das Reich Dalmatien zu prætendieren zwar angefangen / den würcklichen Besitz desselben aber nicht erhalten können. Denn ob er wohl des Uladimiri Vaters Bruder war/ und vor diesem den Besitz des durch letzten Willē seines Vaters ihm zugetheilten Stückes seinem Bruder Petrislao überlassen hatte / waren doch die Grandes des Reichs schwürig seinem Befehl sich zu untergeben. Bemühete sich also dieser gute Herr mit möglichstem Fleisse und allen erdencklichen Mitteln solcher Widerspenstigkeit und Meuterey gleich anfangs vorzubeugen. Als er aber einsten auff der Insul beym Cattarischen Meer-Busem Tafel hielte / warde er von einer zusammen geschwornen Rotte feindlich angefallen/ er retirierte sich zwar unter tapferen Gefechte biß an die Thür der nechstangelegenen S. Gabriels Kirchen / und legte daselbsten durch Heroische Gegenwehr tausend Proben Wunderns-würdiger

Tapfer-

Tapferkeit ab/ wurde aber von denjenigen/ so durchs auffgebrochene Dach der Kirchen heruntergestiegen waren/ hinterrücks erstochen. Der Kayser Basilius hatte inzwischen den von der Bulgarn König Radomiro ihm zugefügten Schadē noch nicht verschmertzet/ und ob er wohl deſſelben Nachfolger Uladislao, damit derselbe das Ruder in die Hände bekommen mögte/ jenen um zu bringen eingegeben/ ihm auch getreuen Beystand zu leisten und gute correspondence jederzeit mit ihm zu pflegen versprochen hatte/ nahm er doch solchem allen ungeachtet das tempo gegenwertiger troublen in Dalmatien in acht/ fiel dem Uladislao in seine Länder/ handthierte das arme Land-Volck ohne Mitleiden/ und bemeisterte sich unterschiedlicher Städte.

Da aber des Draghimiri Wittwe sich auch auß dem Staube machen müſſen/ hat sie sich nach ihrem Vater/ so Ban in Raſſia gewesen/ begeben/ und ist bey demselben eines Sohnes/ den sie Dobroslaum genennet/ glücklich genesen. Dieser brachte zwar seine ersten Jahr gleich

gleich denen andern in Unterthänigkeit/ so dem Reiche Dalmatien von desselben sieghafften Uberwinderen/ denen Griechen/ auffgebürdet worden/ zu; Wie er aber mit dem Alter auch an Weißheit zunahm und einen scharffsinnigen Verstand bey sich mercken ließ/ stellete er sich mit allem Fleisse/ als wenn er nicht den geringste Gedancken jemahls zur vätterlichen Erbschafft zu gelangen/ hätte. Hielte inzwischen mit die vorgesetzten Gouverneurs vertraute Freundschafft/ gab einen ungemeinen Haß wider seine eigene nation vor/ und überredete diese Leichtglaubige/ daß sie doch mit derselben auffs schärffste in allen Begebenheiten verfahren mögten. Hergegen wenn er zu seinen Landsleuten kam/ bließ er auß einem andern Thon/ und unterliesse nicht/ wiewohl ins Geheim/ über der Griechen harte Pressuren nicht wenig zu murren/ und der Unterthanen beschwerlichen Zustand zu beklagen; Wiegelte also derselben Gemüther unvermerckt auff/ daß sie das Joch/ welches ihnen/ seinem Vorgeben
nach

I. Historischer Theil.

nach/zum höchsten Schimpf ihrer angebohrnen Tapferkeit auffgebürdet wäre/ ehistens von sich abzuwerffen schlüssig wurden. So wohl gelung ihm nun auff beiden Seiten dieser Staats-griff; Es mergelten die Griechen auf sein Angeben durch tägliche Steigerung der fast unerträglichen Aufflagen die Dalmatiner gantz aus/ und machten sich bey ihnen so gehässig/ daß sie numehro gantz kein Bedencken trugen den von Dobroslao gegebenen Anschlag zu bewerckstelligen. Brachen also nach vorgepflogener Abrede in einem Tage allen Griechen/ so sich unter ihnen aufhielten/ glücklich die Hälse/ und erkläreten einmüthig

XXXVI.
DOBROSLAUM I.

zu ihrem Könige. Dieser wurde flugs darauf genöthiget die Waffen gegen die Griechen zuergreiffen/ als welche par force, revange anf solches Blutbad der Ihrigen üben wolten. Es hatten dieselbe schon die Banen in Rassia und Bosnia aufgewiegelt/ und mit der Hoffnung/
daß

daß sie die Eigen-Herrschafft erhalten
würden/ flattirt/ derhalben die Herren
Banen sich nicht bequemen wolten/ des
Königes eigene Völcker zu seinem Dienste heraus zusenden. Es hatte Dobroslaus Muth genug aller erdencklichen Gefahr behertzt unter die Augē zu gehen/ seine
Kräffte aber waren zu schwach/ absonderlich nach berührtem Abfall der Banen/
seiner courage die Wage zuhalten. Weil
der Feind aber biß ins flache Feld bey
Antivari herangerücket war/ zwange un-
seren Dobroslaum die höchste Noth/ aufs
eheste ein Treffen mit ihm zu hazardiren/
inmassen die Verzögerung dessen eine
Schwachheit und Furcht von ihm zu
muthmassen Anlaß geben würde/ auch
wäre dadurch das Land mit der Zeit von
den feindlichen trouppen totaliter verwüstet worden. Dobroslaus machte also
den Seinigen durch eigene Unerschro-
ckenheit einen Muth/ und/ wo sie ihm nur
treulich Beystand leisten würden/ Hofnung zu glücklicher Verrichtung/ Er er-
fuhre inzwischen/ weil er nicht allein mit
ange-

ungemeiner Tapferkeit / sondern auch mit
scharffsinniger Klugheit begabet war/ eine
geschwinde Krieges-List/ wodurch er den
Sieg glücklich erhalten. Es hatten nemlich die Griechen etliche Berge hinter sich/
weil sie sich aber auff ihre starcke Mannschafft sicher verliessen / und den Sieg
schon in Händen zu haben vermeinten/
versahen sie es darin / daß sie keine
Schildwacht hinterlassen hatten. So
balde Dobroslaus solches verkundschaf-
fet/ commandirte er einige detachementen seiner Leute samt einer grossen Anzahl
Trompeter in der Stille dem Gebürge
zu/ und fiel bey hereinbrechender Nacht
von forne mit unglaublicher Furie in der
Griechen Lager/ dahergegen die anderen
urplötzlich von hinten desgleichen thaten.
Auff solche Weise konte nun die Griechen
bey dunckeler Nacht/ unter dem Gethön
der Trompeter und Geschrey der Soldaten unmüglich in Ordnung bleiben/
und sich auf beyden Seiten defendiren/
wurden also biß aufs Haupt geschlagen/
daß auch dem geringen Reste ihrer Armee

in

in der Flucht biß an den Fluß Drin hitzig nachgehauen worden.

Eins kam darzwischen/ welches verursachte/ daß diese völlig erhaltene Victorie keine gleichmässige Freude bey denen sieghafften Uberwindern gewürcket hat. Es rennete nemlich, Dobroslaus mit der Feinde Blut gantz besudelt überall herum/ und bewerckstelligte ungescheuet alles/ was einem gemeinen Soldaten zu verrichten obliget/ konte also sein eigner Sohn/ der sich bey dieser Action tapfer erwiesen/ und manchem Griechen den Kopf herunter gesäbelt hatte/ bey Dunckelheit der Nacht und in der Hitze der Schlägerey ihn nicht erkennen/ der dann in Meynung/ daß er einen Griechen vor sich hätte/ dem Vater von hinten einen solchen Hieb mit dem Säbel versetzte/ daß er gantz entkräfftet vom Pferde herunter stürtzte. Der Sohn hatte die Hand wieder empor/ und war willens/ noch mit einem Streich ihm den Rest zu geben/ allein da der Vater eben in dem moment GOttes Barmhertzigkeit anzu-

I. Historischer Theil.

zustehen anfieng/ erkandte ihn der Sohn plötzlich an der Stimme/ hielte den Hieb zurücke/ und bat seinen Vater inständigst/ daß er ihm dies Versehē/ worzu desselben eigene allzu kühne Tapferkeit Ursach gegeben hätte/ geneigt verzeihen wolte. Daher ist gekommen/ daß der Ort/ wo diese Tragedie gespielet worden/ noch heut zu Tage **GOttes Barmhertzigkeit** genennet wird. Nachdem also Dobroslaus mit unsterblichem Ruhm/ daß er als ein genereuser und kluger Fürst regieret habe/ auf dem Kampf-Platz seinen tapferen Geist aufgegeben/ und sechs männliche Erben hinterlassen hatte/ hat doch keiner von diesen den Königlichen Titul sich anzumassen unterstehen dörffen/ und zwar aus tieffen respect und Ehrerbietung gegen ihre Königliche Frau Mutter/ daß also dieselbe biß an ihren Sterbetag völlige und absolute Herrschafft des Reichs in Händen behalten. Nach derselben Absterben aber hat Michalà, oder

XXXVII.
MICHAEL

den Nahmen eines Königs zwar bekommen/aber deſſelben autorität/weil das Reich unter die Brüder zertheilet wurde/nicht habhafft werden können. Dieſer hatte ſich mit einer Printzeſſinn aus Käyſerlichem Geblüte/weil er in Orient des Keyſers Ober-Stallmeiſter geweſen/vermählet/ und mit derſelben viel junge Printzen gezeuget. Alß er aber keine Länder vor ſie hatte/ fieng er an die Macht ſeiner Brüder mercklich zu ſchwächen/damit er ſie ihrer Antheile entſetzen/ und ſolche ſeinen Söhnen zuſchantzen mögte/wie er denn auch einige aus der poſſeß würcklich ausgetrieben. Es wurden inzwiſchen die Bulgaren der Griechen Herrſchafft/ unter welcher ſie zu ſelbiger Zeit leben muſten / gantz müde / trugen derhalben dieſem Michael,als ſie deſſelben Kriegeriſches Gemüth vermercketen/das Regiment auff. Nach deſſen williger Annehmung erhub er ſich ſchleunig zu denſelben/ verrichtete auch

durch

I. Historischer Theil.

durch eigne Tapferkeit/ so von der Bulgarn Hülffe treflich secundiret wurde/ so viel/ daß er einen considerablen Theil des Reichs an sich zog/ und seinen Sohn Bodinum damit belehnen konte.

Dies kleine Stück Landes/ welches er kaum sein eigen nennen kunte/ machte den Bodinum so stoltz/ daß er sich mit des Königes Titul nicht begnügen lassen/ sondern durchaus Ihro Kayserliche Mayestät heissen wolte. Dieser Ubermuth/ und besagter Provintz unbefugte Anmassung piquirte dermassen den Kayser in Morgen-Land/ daß er ihn mit gesamter Krieges-Macht plötzlich heimsuchte/ da er nicht allein die Schlacht schändlich verlohr/ sondern unser kleiner Keyser selbst gefangen und gezwungen wurde im exilio seinen gedemüthigten Ubermuth zu beklagen. Nicht viel besser Glück spürte der Vater in seinen Anschlägen/ den ob er sich zwar bemühete auf alle auch unbillige Mittel und Wege/ mit List und Gewalt/ reiche Söhne zu machen/ muste sie dennoch alle/ vielleicht zur
Straffe

Straffe seiner unordentlichen Liebe gegen dieselbe/ auf verschiedene Art vor sich hinsterben sehen. Bliebe also nach einem so beschwerlichem Regiment keiner von ihnen als nur der von den Griechen gefangne Bodinus beym Leben/ und muste/ jedoch mit unbeschreiblichen Leidwesen die Krone seinem Bruder

XXXVIII.
RADOSLAO II.

übergeben. Weil nun dieser ein frommer und gewissenhaffter Herr war/ fügte es der Himmel/ daß er mit denen Griechen in gutem Vernehmen bleiben konte; Denn sie liessen nicht allein desselben Länder die Früchte eines beständigen Friedens geniessen/ sondern stelleten auch dessen Enckel Bodinum auf sein bittliches Ansuchen in vorige Freyheit/ wiewohl einige in den Gedancken stehen/ daß er ihn aus der Gefangenschafft habe verstohlener Weise entführen lassen. Er erwiese sich aber so undanckbahr vor eine so grosse Gunstbezeigung/ daß er nicht allein mit dem Stücke Landes/ so

Rados-

I. Historischer Theil.

Radoslaus ihm bey seiner Wiederkunfft einräumete/ gar nicht zufrieden gewesen/ sondern ihm noch die Cron vom Haupte gerissen/und ihn als eine privat-Person mit Weib und Kind nach Trebigna zu entfliehen/gezwungen. Daselbst verschmertzete er in Gedult die schnelle Veränderung seines Glücks/ lebte noch etliche Jahr lang in Gottseeligem Wandel/ und verschiede eines seligen Todes. Also kam

XXXIX.
BODINUS

zur Krohn/ konte aber solche in Ruhe/ wegen der Kriege/ so theils er/ theils andere angefangen hatten/ nicht behaupten. Er wand seine Waffen gegen die Banos in Rassia und Bosnia/ welche bey diesen offtmahligen Veränderungen des Regiments/immer fortfuhren in der Eigen-Herrschafft sich zu befestigen/und diesem bey seiner Ankunfft das Thor vor der Nase zugeschlossen hatten. Er vertriebe aber endlich einen so wohl als den andern mit Gewalt seiner Waffen/und
setzte

setzte in den Provintzen neue Gouverneurs, deren Treue und unterthäniger Gehorsahm ihm schon bekandt war. Der Krieg/ welchen er mit des Radoslai Söhnen zuführen hatte/ dauerte etwas länger / denn diese wolten des Vaters Verjagung vom Reiche nicht genehm halten/ sondern suchten durch alle erdenckliche Mittel dessen sich wieder zubemächtigen. Es bemüheten sich zwar hefftig nebst dem Ertzbischoff von Antivari die Vornehmsten des Reiches diese Mißhelligkeiten in Friede abzuthun / allein da ein jeder die Krone gantz und unbeschnitten verlangte/ kunte kein fügliches Mittel der Partheyen Gemüther zu vertragen gefunden werden/ absonderlich da des Bodini arge Gemahlinn mit Nahmen Giacinta im wege stunde / und durchaus wolte/ daß das Reich unzertheilt ihrem Sohne zu seiner Zeit heimfallen mögte.

Diese Xantippe ist auch Anstiffterin gewesen/ daß Bodinus zwey von erstbeführten Gebrüdern nach Scutari, unterm

I. Historischer Theil. 95

term Vorwand/daß sie sich mit ihm in Freundschafft erlustigen mögten/nötigen/ so bald sie aber sich daselbsten auff seine parole eingestellet/ in gefängliche Hafft nehmen ließ. Dies treulose Vornehmen empfunden die übrigen auffs hefftigste/nahmen ihm also die Stadt Ragusa durch List mit einiger Mannschafft hinweg/ solche so lang in Händen zu behalten / biß ihre gefangenen Brüder wieder auff freyen Fuß gestellet würden. Bodinus rückete darauff ohn Verweilen vor bemeldte Stadt/ in Hofnung solche nicht allein wieder zu erobern/ sondern die Brüder auch in seine Gewalt zu bekomen/ damit sie denen andern im Kercker Gesellschafft leisten möchten. Es kam ihm aber nicht so leicht vor/ als er sich wohl eingebildet hatte/ solches Unternehmen zu bewerckstelligen/ sintemahl seine Armee durch desperate Gegenwehr/ und immerwärende Außfälle der Belägerten/ stündlich schwächer wurde. Also ließ Bodinus den stoltzen Muth sincken/ und war schon wegefertig/ mit

Auff-

Auffhebung der Belagerung abzuziehen/ als aber einer von seinen vertrauteſten Bedienten/ und wie etliche ſchreiben/ ſeines nicht gar zu unfreundlichen Weibes Galan in einem Außfall mit niedergehauen wurde/ meinte dieſe vor Schmertzen faſt raſend zu werden/ und zwang gleichſahm ihren Ehemann Bodinum, daß er/ den Verluſt ihres Geliebten außzuſühnen/ vor den Augen der Belägerten die zween gefangenen Brüder ſchmählig hinrichten ließ/ mit Bedrohung/ daß/ wo ſie länger mit der Ubergab verzögerten/ bey gewaltſahmer Eroberung der Stadt alle auf gleiche Weiſe ſolten tractiret werden. Durch dieſe Andeutung entfiel gäntzlich den Belägerten der Muth/ und erkaltete bey ihnen der vorige Eiffer zum Fechten. Derhalben ſetzte ſich die Fürſten/ damit ſie dieſem Unthier nicht in die Klauen geriethen/ in der Stille zu Schiffe/ und ſegelten nach Spalatro zu/ von dar ſie ſich in Apulien, und endlich nach dem Conſtantinoplitaniſchen Hoffe begaben. Bodinus

dinus hörte mitlerweile nicht auff/ den allgemeinen Haß des Volcks mehr und mehr gegen sich zu erregen/ daher auch desselben Sohn/ aller Unterwindungen der Königinn ungeachtet/ nach Ableiben seines Vaters zur Erbfolge nicht gelassen/ sondern

XL.
DOBROSLAUS II.

zum Oberhaupt öffentlich außgeruffen wurde. Da stelleten sich nun die zuvor nach Constantinopel entflohene Fürsten wieder ein/ alß man aber derselben Ansprüche an die Cron in keine Betrachtung zog/ und Dosroslaus wegen allzu strenger Regierung nicht sonderlich beliebt war/ brachten sie eine Armee außerlesenes Volckes auff die Beine/ schlugen damit Dobroslaum aufs Haupt/ bekamen ihn auch selbst/ und schickten ihn nach Rassia gefange. So bald nun diese neue Conqveranten das Reich in Besitz genommen hatten/ zertheilten sie solches/ und beherrschete ein jeder jedoch ohne Königlichen Titul/ seine Provintz. Nicht lange hernach aber verkehrte sich ihr zuvor gepflogenes gutes Vernehmē in öffentliche Feindschafft/ so daß man die vorigen Kriege und Unordnungen im Reiche wieder anglimmen/ und endlich einen Bruder gegen den andern ins Feld rücken sahe/ da einer von ihnen in der Schlacht das Leben einbüssen muste. Waren also die sämptlichen Stände mit diesen beyden schlecht vergnügt/und setzeten

XLI.
ULADIMIRO III.

einem von des Königs Michaels Nachkommen zu Scutari die Crone auff. Dieser war von Natur ein sehr frommer und gütiger Herr/ und wegen anderen glor-würdigsten Qvalitätē/ das Scepter in Händen zu tragen wohl würdig. Es hatte sich biß dato ein jeder nach einem solchen Könige/ der das allgemeine Land-Verderben/ welches so wohl die Frembde prætendenten der Crone/ als auch die übel regierende Könige verursacht hatten/ aufzuheben bastant wäre/ gesehnet. Einen solchen nun traffen sie
an

an dieſen Uladimirum an/ denn er alles
klüglich angeordnet/ und glücklich ver-
richtet; Er heyrathete die eintzige Tochter des Belcani, ſo von den zweyen Mit-
buhlern noch übrig blieben war/ demſelben überließ er auß Gnaden das Gouvernement über Raſſia, erwieſe an den des
Reichs entſetzten Dobroslaum ein
Werck der Barmhertzigkeit/ zog ihn aus
dem Kercker/ ließ aber genaue Acht auff
ihn geben/ daß er keinen neuen Auffſtand
im Reiche erregen konte.

Damahls war die berühmte Giacinta des Königs Bodini Wittib/ welche
vielmehr aus Neid als Alter gantz run-
tzelig worden war/ annoch im Leben.
Dieſe hoffete noch immer/ daß ſie ihren
Sohn auf m Thron ſehen würde/ konte
aber ſolche Gedancken biß zu bequemer
Zeit meiſterlich verbergen. Sie bewoge zuletzt/ wie ſie kein ander Stückgen
ausdencken konte/ durch Geſchencke und
reiche promeſſen einige Hoffbediente da-
hin/ daß ſie Gifft dem Uladimiro beyzu-
bringen ſich nicht ſcheueten. Nun konte es

te es nicht lange unbekand bleiben/ durch
wessen Anreitzen solche Boßheit angestifftet sey/ sintemahl das Gifft ihm endlich den Todt wohl verursachte/ doch aber
noch Zeit ließ drüber zu inqviriren. Die
Meuchel-Mörderinn konte inzwischen
die Nachricht/ wie ihr Anschlag gelungen
sey/ nicht abwarten/ sondern/ wie sie nun
vermeinte/ daß die Würckung des bey-
gebrachten Gifftes schon erfolget sey/
oder gar nicht lange auſſenbleiben wür-
de/ kam sie zu Hofe/ damit sie daselbst
im Nahmen ihres Sohnes schon etwas
vernehmen mögte. Weil aber solche
Ankunfft ungewohnt und dahero verdächtig war/ muste sie in Gewahrsam
bleiben/ ob sie wohl aufs hefftigste versi-
cherte/ daß sie den Patienten zu trösten/
und ihre condolence bey demselben abzu-
statten/ heran kommen wäre.

Gleichwie nun die frömmesten Seelen
den geringsten Argwohn von anderer
Leute Boßheit haben/ so meinte auch Wla-
dimirus, ob er schon viel andere Prob-
Stücke von der Giacinta Treulosigkeit
gese-

I. Historischer Theil. 101

gesehen hatte/daß die falschen Crocodils-
Thränen/ so sie häuffig bey ihm vergoß/
auß einem unschuldigen Hertzen herqvel-
leten / konte ihr also die Schuld dieses
Verbrechens nicht mehr aufbürdē/ noch
sie zu einiger Straffe ziehen. Wie ihr
also dieser Betrug bey dem guten und
leichtgläubigen Uladimiro war von statten gangen/versuchte sie weiter ihr Heil/
mit Vorgeben/daß der inhafftierte Dobroslaus an dieser That Uhrheber seyn
muste/sie konte aber kein ander Beweiß-
thum ihrer Anklage in Vorschein bringē/
als daß er Interesse am Tode des König-
ges/wegen der Hoffnung/der verlohrnen
Crone wieder habhafft zu werden/hätte.

Mit diesem wiewohl ungegründetem
Angeben räumete die Giacinta ein gröf-
ser Verhinderniß/ so die Erhöhung ihres
eigenen Sohnes nach Uladimiri Abl:-
ben mercklich hemmen kunte / glücklich
aus dem Wege/denn so Dobroslaus im
Leben blieben wäre/ hätte er vermuth-
lich/ weil er bloß wegen allzustrenger
Handhabung der Gerechtigkeit seines

E 3   Rei-

Reiches beraubet worden/ ihrem Sohne
können vorgezogen werden. Sie erhielte
also durch offt wiederholtes Anklagen
bey den jenigen Bedienten/ welche sie
durch freygebiges Spendiren noch nicht
auf ihre Seite gebracht hatte/ daß/ nachdem Uladimirus in sothaner Verwirrung den Geist nun aufgegeben/ sie vor
unschuldig/ Dobroslaus aber an seinem
Tode vor gantz verdächtig erkläret wurde. Wie man ihn also an den Halß
nicht wohl kommen konte/ muste er sich
doch die Augen ausstechen lassen/ daß er
also das übrige seines Lebens im Closter
zu verschliessen schlüssig wurde. So
drunge sich mit Hülffe seiner Mutter

XLII.
GEORGIUS

auf den Thron/ getrauete sich aber nicht
sicher zu seyn/ so lange noch einer vorhanden war/ der ihm das Regiment disputirlich machen konte/ war also seine
erste Sorge/ daß er sich der Söhne des
Brunislai, welchen Bodinus sein Vater
in Gesicht desselben in Ragusa belägerten
Brü-

Brüder hatte schlachten lassen/ sich versichern mögte. Nachdem dieselbigen aber hievon Wind erhielten/ haben sie sich sämtlich (Grubessa außgenommen/ so ertappet und eingesperret wurde) nach dem Keyser Johannem Comnenum begeben/ auch von ihm so viel Mannschafft und allen behörigen Vorschub erhalten/ daß sie nach Dalmatien sich zurück wenden/ und drinnen zu Scutari Georgium feindlich angreiffen konten. Muste also dieser wie er vermerckte/ daß sein Land-Volck ihm wenig affectionirt/ und zur Gegenwehr gantz unwillig war/ das Reisaus spielen und in Rassia sich gleichsam verstecken/ da dann die Städte Scutari und Cattaro zusammt der Königinn Giacinta, welche nach Constantinopel unter guter Verwahrung ins Elend verschicket wurde/ in dieser Brüder Gewalt gekommen. Es wurde aber der zuvor gefangene

XLIII.
GRUBESSA
aus autorität und im Nahmen des Keysers

Kaysers zur Königlichen Würde erhoben. Er wuste und könte sich aber darinnen nicht fest setzen/ alldieweil Georgius die aus Rassia an sich gezogen hatte/ und mit einem starcken Krieges-Heer ihm vom Throne zu verjagen im Anzug war; Den wie es zum Treffen bey Antivari kam/ legte Grubessa zwar möglichste Probstücken unvergleichlicher Tapferkeit ab/ muste aber selbst auff der Wahlstatt bleiben/ und das Reich/ sich unter des überwinders Joch beqvemen.

Wie nun die seinen Vettern theils zugedachte/ theils an einem schon verübte Gewaltthätigkeit Ursach gewesen war/ daß er zuvor die Crone verlohren/ nahm er sich numehro/ da er solche wieder erlangt hatte/ ernstlich vor/ seine Art zu leben anders einzurichten/ und sich des Volcks sowohl/ als seiner Vettern affection durch alle ersinnliche Freundschaffts-Bezeugungen zu versichern. Dies wärete aber nur eine Zeitlang/ weil seine Gedancken mit der eusserlichen Gleißnerey gar nicht übereinstimmeten.

Gerieth

Gerieth also auff sein voriges strenges Verfahren/ und nöthigte durch schwere Verfolgungen seine Vettern/ wieder zu ihrem alten Protector ihre Zuflucht zu nehmen/ welches die Griechen/ allermassen sie dadurch gleichsahm Arbitri dieses Reiches wurden/ nicht ungerne sahen/ versagten dannenhero im geringsten nicht dem Draginæ, so der älteste nunmehro von seinen Brüdern war/ und also das nechste Recht zur Krone hatte/ neuen Vorschuß an Volck/ vivres und munition zu thun. Nachdehm er nun dergestalt in Dalmatien ankomen war/ und die Kräffte seiner Mannschafft versuchte/ hielte sich solche unter seiner guten Anführung so mannhafft/ daß Georgius in eine Festung seine retirade nehmen/ die Schlüssel endlich davon zu des Draginæ Füssen niederlegen/ und selbst nach Constantinopel, allwo er bald darauff im Kercker Todes verblichen/ wandeeren muste. Also wurde

E 5   XLIV.

XLIV.
DRAGHINA,

Jedoch als ein vom Keyser in Orient Belehnter zum Oberhaupte angenommen. Dieser regierete zwar in beglückter Ruhe/ aber über ein Reich/ welches so viele Krieges-Verwüstungen noch nicht verschmertzen konte. Dahero hatte er überflüssige Anlaß sich gelind und mild gegen seine Unterthanen/ wie er auch thate/ zu bezeigen; Allein die übrigen Königliche Tugenden blicken zu lassen/ und auf statliche Sachen was ansehnliches zu wenden/ obschon sein genereuses Gemüthe trefflich dazu inclinirte, verbot ihm seiner verdorbenen Unterthanen Dürfftigkeit. Nach ihm bekam sein Erstgebohrner

XLV.
RADOSLAUS III.

des Reiches Belehnung vom Keyser zu Constantinopel Emanuel, welcher seinem Vasallen aber kein Beystand mehr leisten/ noch mit seiner autorität die Gewalt des Rassischen Bans unterbrechen

chen wolte/ obschon dieser nicht allein
die Souveraineté seiner Provintz sich an-
massete/ sondern auch seinen Sohn Dessa
den Radoslaum warm zu halten auß-
sandte. Dieses war nun alles ein Po-
litischer Staats-Griff von dem Emanuel, dessen er sich bedienete/ damit er also
ohn Verdacht diese Länder/ welche sonsten einem vom Keyserthum gantz abge-
sondertem Fürsten allein parieret hat-
ten/ desto füglicher allgemach wegange-
len mögte. Sahe derohalben mit dem
Rassischen Ban/ der independent seyn
wolte/ durch die Finger/ ja truge dessen
älterem Bruder Primislao, Servien zu
Lehen auff/ nahm ihm aber solches bald
wieder/ unterm Vorwand/ daß er was
neues und ungewöhnliches angefangen
hätte/ und conferierte solches diesem
Dessa, welchen er auch wegen gleicher/
wiewohl ungegründeter Ursachen entsetz-
te/ und nach Constantinopel gefänglich
bringen ließ/ nicht lange aber hernach
wiederum seines arrestes relaxirte, damit durch solche Proceduren seine Macht
und

und Ansehen bey jedermänniglich kund werden möchte. Alß er nun dem einem die verlangete Hülffe abschluge/ den andern aber ohne Züchtigung nach seinem Kopfe schalten und walten ließ/ fiel es dem Dessa leicht einige gute Vestungen dem Radoslao, und unter andern auch Trebigna, wo er als Fürst in Servien dies Zeitliche gesegnet/wegzufischen. Ihm succedierte sein Sohn

XLVI.
NEEMAN

oder Nemagua, welcher/ da er in dem Martialischen humeur seinem Vater nichts nachgab/ den Krieg wieder Radoslaus emsig fortsetzte/ und ihn endlich seines gantzen Staats/ die eintzige Vestung Cattaro außgenommen/ verlustig machte. Alß aber Emanuel in reiffe Betrachtung zog/ daß/ wo einer von den benachbahrten Fürsten allzu mächtig würde/ ihm leicht eine Gefahr zuwachsen könte/ schickete er endlich dem Radoslaus so viel Auxiliar-Völcker/daß er mit dem Feind in ein Treffen sich eingelassen/

Nee-

Neeman erschlagen und das Feld sieghafft behalten. Er hätte auch wohl altem Ansehen nach sein Reich wiedergewonnen/ wenn das drauff gefolgete Ableiben mehrgedachten Emanuels den Staats-Sachen kein ander Außsehen verursacht hätte/ bey welcher Veränderung Stephanus Nemagnæ Sohn nicht allein das wanckende Glück seines Hauses unterstürtzete/ sondern auch durch unterschiedliche victorien den guten Radoslaum dermassen zu Chore trieb/ daß er mit mit dem Caracter eines Grafens zu frieden seyn/ ihn aber/ samt andern Unterthanen/ vor Souverain übers gantze Reich erkennen muste. Dieser

XLVII.
STEPHANUS I.

hat eine Printzessin des Kaysers Alexius, so Emanueli gefolget/ zur Gemahlin bekommen; War ihm also leicht sich in gute positure zu setzen/ da ihm auch der Titel des Königs von Servien / Dalmatien, Dioclea, Tribunia, Zachulmia und Raßia, gegeben wurde/ wiewohl

Andreas II. König in Ungarn das meiste von besagten Oertern schon vor Stephani Vater erobert hatte. Im übrigen/ wie dieser andächtige und fromme Herr schon drey erwachsene Printzen auffer-zogen hatte/ resignierte er die Cron dem ältisten seines Nahmens/ nahm mit dem jüngsten Sohne nicht allein die Regeln sondern auch das Habit eines strengen Ordens an/ und beschloß also im Kloster sein Leben. Der neue

XVLIII.
STEPHANUS II.

war meist wegen Hochpreißlicher meri-ten seines Vaters beliebt. Die ersten Jahre seiner Regierung wurden in un-gestörtem Friede zugebracht/ so wohl von Seiten der Griechen als der Bulgarn/ die nur eine Mine machten/ alß wenn sie den Degen gegen ihn zucken wolten/ und weiter nichts anfiengen. Als er aber beym Pabste Innocentius III. welchem er zu liebe viele abtrünnige Ketzer in sei-nem Lande wieder zu rechte bringen las-sen/ bitlich anhielte/ daß er einen Nun-cium

cium, so ihn mit dem bey der Römischen Kirchen gewöhnlichen Gepränge offentlich krönete/ heraus senden mögte/ verhinderte nicht allein der vorberührte Andreas König in Ungarn (so in den Gedancken stunde/ daß ihm mit denen Titulen/ womit Stephanus prangen wolte/ zu nahe geschehe) daß der Pabst die gebetene Crönung nicht vor sich gehen ließ/ sondern überfiele auch jenen mit gantzer Heeres-Macht/ zwange ihn das am Meer-gelegne Dalmatien mit dem Rücken anzusehen/ und räumete Stephani Bruder Vulco oder Vulchisano genant/ solches ein; Stephanus aber muste sich mit Servien und dem Titel Megayzupano oder eines Groß-Bans zu frieden stellen/ weil er aus Mangel der Kräffte durch den Degen einen gewünschten Ausschlag seiner prætension nicht machen konte.

Dieser Vulcus kam auff gleiche Gedancken seines Bruders/ und lies bey dem Pabst der Crönung halber beständige Ansuchung thun/ welcher ihm auch

auf

auf erhaltene Einwilligung erwehnten Königes Andreas, seiner Bitte gewehrete; Solte ihm derhalben der Titul eines Königs in Dalmatien/ und Dioclea/ wie aus dessen Briefen zu ersehen gewesen / beygeleget/auch der Ertz- Bischoff von Colossa aus Ungarn die Krönung zu verrichten hingesand werden/ wenn des Vulci Todt solch Vornehmen nicht zu nichte gemacht hätte. So bekam nun der ins Servische Banat verwiesene Bruder Stephanus rechtmässige Ansprüche aufs gantze Reich / und wieder frische Hofnung/mit Erhaltung verlangter Ehr und Qvalitäten/so ihm zuvor abgeschlagen worden/ endlich erfreuet zuwerden. Er hatte inzwischen eine Muhme des berühmten Henrici Dandoli Hertzogs zu Venedig geheirathet/wurde also von den meriten einer so vornehmé Verwandschafft und intercession einer so mächtigen Republiqve am Päbstlichen Hofe secundiret/ hatte auch auf Antrieb seiner Gemahlinn den Rest der wieder hervor gesprossenen Schwermer-
ien

I. Historischer Theil. 113

im Reiche gantz ausgerottet. Erhielt endlich also von Honorio III. die verlangte Krönung/ und nahm die Benennung Stephani des Grossen/ von Gottes Gnaden gekrönten Königs in Servien/ Dioclea/ Tribunien/ Dalmatien/ und Ochulmien an. Ob der Ungarn König Andreas einige Widerrede dagegen eingewandt habe/ glaubt man nicht/ weil niemand davon Meldung gethan/ auch der Pabst gedachte Entschliessung nimmer würde gefast/ geschweige werckstellig gemacht haben/ in fall er vermeint hätte/ daß dieses einem Könige von solcher consideration, als Andreas war/ auf dessen verlangen er immer so grosse reflexion gemacht/ einiges Mißfallen hätte erwecken sollen. Oder man will vielmehr davor halten/ daß diese Krönung ergangen sey einige Jahr hernach/ da das Ungarische Königreich von den Tartaren gleich einer Sündfluth überschwemet und ruiniret worden/ und also der König Andreas
oder

oder vielmehr deſſen Nachfolger Bela IV. indem ſie in ihrem eigenem Erb-Reiche zuthun hatten/ keine Gelegenheit noch Zeit auf auswertige Mißhelligkeiten oder Anfoderungen zu dencken finden konten. Stephano dem Groſſen folgete ſein Sohn

XLIX.
NEEMAN II.

genandt Crapalus/ welcher bey ſeiner Krönung den Nahmen Stephanus angenommen. Und weil auch ſeine Nachkömlinge desgleichen gethan/ ſcheint es/ daß es ein Ehren-Nahm/ wie Coeſar bey denen Keyſern/ und Flavius vor dieſen bey denen Longobardiſchen Königen/ geweſen ſey. Bey dieſem befande ſich eine angenehme Freundſchafft der Tapfer- und Frömmigkeit. Er gewan conſiderable Oerter/ ſo wohl von denen Bulgarn als Ungarn und Griechen/ welche ihn zum Kriege genöthiget/ und zum erſtenmahl angegriffen hatten/ erhielte auch unter den Seinigen durch Handhabung der Gerechtigkeit ein ſtilles und geruhiges

ges Leben/daher auch seine Regierung
von jedermänniglich höchst gerühmt
wurde/ und seines Nahmens als eines
in allen Christlichen und militairischen
Tugenden geübten Herren noch heut zu
Tage nicht vergessen ist. Er überlies
die Erbschafft seiner vortrefflichen Tu-
genden/ so Cron und Scepter vorzu-
ziehen waren/ dem Stephano

L.
UROSIO I.
Dieser hat die feindlichen Anfälle/ so der
biß nach Scutari schon gerückte Gouverneur auß Epirus auff Ordre des Griechischen Kaysers versucht/ mit einem erhitz-
ten Löwen-Muth hintertrieben/ und sein
Reich/ worin die Kayser auß Orient
nach ihrem eigenem Gefalle/ dero Macht
und Ansehen herfür leuchten zu lassen/
biß dato gehauset hatten/ von solcher Un-
ruh also entlediget. Er hat sich mit einer Printzessin auß dem Königlich-Fran-
tzösischen Geblüte nahmens Helena ver-
mählet/ welche wie es scheinet/ des H.
Ludwigs Freulein Tochter gewesen. Dieselbe

selbe hat gantz Dalmatien mit Klöstern gleichsam besäet/ die Gottes-Furcht aber mit so vielen andern preißwürdigen Tugenden vergesellet/daß obwohl die Gewohnheit dieser Länder ein anders mit sich brachte/ Ihr doch die Regierung derselben/sobald ihr Gemahl die Augen geschlossen hatte/ aufgetragen wurde. Es bliebe derselbe in einer Schlacht/ so er mit seinem eigenem unbändigem Sohne Dragutino Stephano eingehen muste/der ob er wohl alß der andere in der Ordnung gar kein Recht zur Krone hatte/ durchauß doch seinen Vater vom Throne/ und sich auf denselben gesetzet wissen wolte. Die milden Thränen aber/so die Frau Mutter deßhalben vergossen/haben/ wie fromme Leute urtheilen/ das harte Hertz dieses hartneckigten Sohnes endlich erweichet/ und vom gütigen Himmel die Gnade zu seiner Bekehrung erhalten: Sintemahl er ein groß Leydwesen wegen des begangenen Bubenstücks an sich spüren/und in Meinung/ völlige Penitentz davor abzustatten/sich

in

in ein Kloster verriegeln ließ. Konte also die verwittibte Königin den rechtmässigen Erben in der Furcht des HErren aufferziehen/ und das Reich/ biß daß er sein erwachsenes Alter erreichet/ ruhig beherrschen. Als aber solche Zeit heranrückte/ machte sie Platz/ und überreichte ihm willig das Scepter. Sein Nahme war LI.

UROSIUS II. MILUTINUS.
Bey Antrit aber seiner Regierung wurde ihm auch der Titel Pius vom frolockenden und Glück-zuruffenden Volcke wegen seiner Leutselig- und grosser Sittsamkeit beygelegt. Dies war in der That ein recht glücklicher Printz/ massen er/ ehe man ihn recht kandte/ der Seinigen Hertz schon in Händen hatte/ und der allgemeinē Zuneigung versichert war. Doch kan sich in dieser Unvollkommenheit keiner mit vollkommener Glückseligkeit begnadiget zu seyn rühmen; absonderlich diejenigen/ so in Purpur und Scepter herumgehen/ alß die da mehr Gelegenheit zu sündigen haben/ und sonsten auch grösseren Gefährlichkeiten unter-

terworffen sind. Daß unser Urosius sonderlich andächtig und religieux gewesen / ist daraus satsam abzunehmen / daß er acht und viertzig Klöster in unterschiedlichen Theilen seines Reichs gestifftet / und so viel reiche Geschencke und grosse Schätze den geheiligten Plätzen so wohl in / alß ausser seinem Reiche geopfert / welche fast alle in S. Nicolas Kirche zu Bari zum unsterblichen Andencken in Marmel mit diesen Titulen eingegraben sind: Anno Domini 1319. Urosius Rex Rassiæ, & Dicleæ, Albaniæ, Bulgariæ, ac totius Maritimæ de Culfo Adriæ, & Mari usque ad flumen Danubij magni præsens opus Altaris, &c. Das Band der H. Ehe aber / so unverbrüchlich seyn solte / lösete er nach seinem Willkühr auff; Alldieweilen er viere von seinen fünff Gemahlinnen auß Leichtsinnigkeit / weil er mit Ihnen keine Erben zeugen konte / verstossen.

Anfangs seiner Regierung wurde er von den Unterthanen fast vergöttert und

und angebetet; Es hatte aber sothane Ehrerbietung und Liebe mit dem April-Wetter gleiche Beständigkeit/ indem er auch hernach/ alß er mit Carolus König in Ungarn zu fechten hatte/ schändlich von den Seinigen verlassen wurde. Es kunte dieser gar nicht vertragen/ daß Urosius sich König von Dalmatien schriebe/ weil er davon Meister zu seyn vorgab/ und es sich auch also/ was Croatien, oder das nach West gelegene Dalmatien betrifft/ verhielte. Daher er auch solches in seinem Titul/ wie er droben zu sehen ist/ außlies/ und einige Städte darinnen abtreten muste. Indem nun diese schädliche Krieges-Flamme weit um sich fraß/ wandte sich die Zuneigung seiner Magnaten dergestalt von ihm ab/ daß sie von außen viel Adhærenten bekamen/ und ihrem König die Spitze boten; Also konte Urosius bey seinem Leben der Süssigkeit des Friedens nicht mehr geniessen/ allermassen dann bald in diesem/ bald in jenem Bezirck seines Reiches eine gefährliche Empörung wieder ihn

ihn außbrach. Mitten aber in diesen troublen schwur er der kurtz zuvor angenommenen Secten öffentlich ab/ und begab sich hinwiederum auf Ermahnen und Antrieb einiger Ordens-Leute/ so bey ihm freyen Zutritt hatten/ in den Schoß der Römischen Kirchen. Seine fünffte und letzte Gemahlinn/ eine Printzeßin des Kaysers zu Constantinopel, mit Nahmen Simonide, war/ als das Beylager gehalten wurde/ noch zu zart und jung die würckliche Vollziehung der Ehe zu ertragen/ Urosius aber muthwillig und ungedultig; Wie er also mit Gewalt die eheliche Pflicht abgestattet wissen wolte/ wird sie dadurch unfruchtbahr/ und hätte sich beynahe mit dem Todt selbst vermählen müssen. Demnach er nun zu ihrer hochpreißlichen Tugend eine ungefärbte Liebe trug/ wurde er schlüssig zur Straff seiner Incontinence, mit ihr in der Ehe als ehelos zu leben. Sein natürlicher Sohn/ Stephanus genandt/ vergaß der Ehrbarkeit inzwischen so weit/ daß er durch ihr ungegewöhnliche Schönheit verblendet der unordentlichen Liebe gegen sie den Zaum ließ/ auch seinen Vater des Reiches zu entsetzen und solches mit der Gemahlin an sich als dessen eintzigem Sohn zu bringen/ gefährliche Anschläge führete. Urosius ließ ihm aber zur Straf solcher unverschämten Unterwindungen die verliebten Augen ausstechen/ und ihn nach Constantinopel ins Elend jagen. Als Er nun im Jahr C. 1322. selbst die Augen zugethan hatte/ succediret ihm sein Vetter

LII.

ULADISLAUS

vom welchem die Geschicht-Bücher zwar melden/ das er aus dem Kercker zum Throne gekommen/ die Ursachen aber seiner Gefängniß mit keiner Syllibe beyfügen. Um eben der Ursachen willen/ welche seinem Oheim sich des Titels von Dalmatien zu enthalten/ genöthiget hatte/ ließ er sich auch mit dem Titel: **Königs in Servien/** genügen. Es war

war seine Regierung aber kurtz und vôller Unruh/ maſſen er an ſeinem Bruder Conſtantinus, ſo ihn mit einem weitausſehendem Kriege überzogen/ wegen Macht ſeiner Alliirten einen gefährlichen Feind hatte; Es muſte doch derſelbe vor Uladislao, ſo an Mannſchafft ſchwach/ an Muth aber ſtarck war/ in einer Schlacht die Waffen niederlegen/ und dem Strange ſeinen Halß überlaſſen. Deſſen erhenckten Cörper lies Uladislaus viertheilen/ und hin uñ wieder die Stücke auf hencken/ machte ſich aber durch dies grauſame Verfahren bey allen ſo verhaſt/ daß der nach Conſtantinopel von ihm verbannte

LIII.
STEPHANUS III.

ob er ſchon ſeiner Augen beraubt war/ zum Könige einmüthig beruffen wurde. Sobald er nun ins Reich kam/ muſte ſein Mitbuhler der entſetzte Uladislaus ſich zur Gedult bequemen. Er that zwar bißweilen einen Verſuch/ die Krone mit Gewalt wieder an ſich zu bringen/ allein

es

es waren Lufftsprünge/ und wolte das
Glück mit seiner Hoffnung sich nicht vereinigen; Sintemahl er dem Stephano
in die Hände gerieth/ von welchen er nur
allein verarrestiret/ und also viel gelinder/
als sein Bruder Constantinus von ihm/
gehalten wurde. Das stets wärende
Grämen aber über den schändlichen
Verlust der Krohne war Ursach/ das
er bald darauf diese Eitelkeit gesegnete.
Erlosche also mit ihm bey Stephano alle
Furcht des Krieges/ weil sonst niemand
auf die Cron was zu protendiren hatte.

Die Ketzerische Meynung/ so er zu
Constantinopel gefast hatte/ behielt er
auch nach seiner Wiederkunfft in Servien. Gleichwie aber die Staats-Raison nicht unselten über die Religion zu
herrschen pflegt: also versprach auch unser Stephanus Philippo dem Fürsten
aus Taranto, daß er nicht allein seine
Religion changiren/ sondern auch mit
seines gantzen Reiches Macht ihm be-
hülfflich erscheinen wolte/ damit er des
Constantinopolitanischen Keyserthums/

auf welches Philippus starcke Ansprüche hatte / sich wiederum bemeistern mögte / wenn er nur seine Printzessin ihm zur Ehe geben wolte. Auß diesem allen aber wurde nichts / massen Stephanus mit einer Griechischen Printzessin Beylager hielte / und in seine irrigen Meinungen täglich ie mehr und mehr verhärtet wurde; Wiewohl itzt gemeldte Vermählung ihm endlich den völligen Ruin verursachte. Er hatte nemlich auß erster Ehe schon Erben / unter welchen der Erstgebohrne von trefflicher conduite war / und bey erwachsenem Alter eine ungemeine Lust zum Kriege hervorblicken ließ. Diesen Martialischen Geist nun zu üben / und ihm einen Gefallen zu erweisen / ließ er dem Könige der Bulgarn den Krieg ankündigen / weil derselbe seine Schwester / da er schon Printzen mit ihr gezeugt / schmipflich verstossen hatte. Er machte diesen seinen Sohn / der auch Stephanus hieß / zum General Capitain, welcher solche aufgetragene charge so Heldenmütig verwaltete / daß er im ersten Streite die te die feindlichen Schaaren so ihm auf den Raßischen Gräntzen entgegen kamen, völlig aus dem Felde schlug/ und dem König selbst mit eigener Hand den Kopf zerspaltete. Dies erste Probstück heroischer Tapferkeit gefiel seinem Herrn Vater so wohl/ daß er seinem Sohne fast souveraine Macht im Reiche überließ/ welcher Güte dieser undanckbahre Gesell sich gantz unwürdig machte; Denn als er besorgte/ sein Vater mögte in regard des Keysers zu Constantinopel/ der ihm seine Tochter zum Gemahl gegeben hatte/ die gegenwertige Liebe und väterliches Wohlwollen von ihm auf die Printzen anderer Ehe werffen/ faste er die Entschließung/ sich selbst der Crone zu versicheren/ ließe zu dem Ende seinen gutthätigen Vater ins Gefängniß legen/ und bald darauf stranguliren. Bekam also vermittelst dieses Vatermordes

LIV.
STEPHANUS IV. DUSCIANUS
das ist/ der Freygebige/ im Jahr 1333 die

Regierung in die Hände/ und führete viel wichtige Kriege/ als nemlich/ mit den Ungarn/ Griechen und Türcken glücklich aus. Er war zu selbiger Zeit der allermunterste und tapferste Herr/ von so grosser und starcker Leibs-positur, als jemahls in seinem Seculo einer mag gelebet haben. Ludwig König in Ungarn so in allen seinem Vornehmen das günstige Glück zur Begleiterinn hatte/ wolte diesem bey Antritt seiner Regierung auch einen Streich beybringen/ befand aber/ als er mit Schimpf und Schande nach Hause gewiesen wurde/ daß das Glück ihm den Rücken zeigte/ und nunmehr so ihn allein fechten ließ. Indem Johannes Paleologus, und Johannes Contacuzenus um die Crone von Orient sich herum tummelten/ fischte Duscianus im trüben Wasser/ und angelte die meisten Provintzen von Macedonien/ und Theßalien/ (Albanien und Epirus nicht zu gedencken) glücklich hinweg. Welche considerable Züge/ und reiche Victorien ihn gantz stoltz und übermüthig machten/
so/

I. Historischer Theil.

so, daß er sich nicht allein Kayser der Römer und Servier tituliren ließ, sondern auch dieselbige chargen, so zu Constantinopel anzutreffen waren, an seinem Hoffe austheilete, und den allergrösten Keysern in Pracht und statlicher Hofhaltung es gleich that. Den Ritter-Orden von S. Stephanus hat er gestifftet, und mit der Königlichen Republiqve Venedig gute Freundschafft unverbrüchlich gehalten, auch derselben müglichen Beystand geleistet, doch mehr aus eigenem Staats-Interesse, als guter Wohlmeinung, ismit, nemlich Ludwig König in Ungarn, so mit der Republiqve in Krieg verwickelt war, an ihr einen desto mächtigern Feind haben, und wieder Stephanum das gezückete Rach-Schwerdt nicht zücken mögte.

Als derselbe aber mit den Venetianern ausgesöhnet wurde, bediente er sich eines neuen Staats-Griffes, indem er an den Pabst Innocentium VI. eine Missive abgehen ließ, worin er vorgab, als wenn

wenn er zu Abschwörung seiner irrigen
Meinung nicht ungeneigt wäre/ ersuchte
also Ihro Heil. daß Sie nach ihm einige
Römische Theologos, so ihm in Glaubens-Sachen Unterricht ertheilen mögten/ abzufertigen geruhen wolte. Hierauf kam nun auf ordre des Päbstlichen
Stuls Petrus Thomas Carmelitanus
nebst anderen Geistlichen heran; als aber
Ludwig wider Stephanum nichts feindliches tentirte/ muste sich die abgeordnete Geistligkeit unverrichteter Sachen
nach Hause wieder weisen lassen. Wie
sich also der Pabst von diesem verkehrten und boßhafftigen Stephano verspottet und hintergangen sahe/ befand er sich
höchlich darüber beleidiget/ munterte
dahero den tapfermütigen Ungar dermassen wieder auf/ daß er die Waffen
nicht allein ergriff/ sondern Stephanum
auch zimlich in die Enge zu treiben anfieng. Es verstarb aber dieser nicht lange hernach/ im 45ten Jahre seines Alters/ als er 23. Jahr glücklich regieret
hatte. Sein Sohn

LV.

LV.
UROSIUS III.

welcher vom Vater schon König in Rassia war erklärt worden/ succedirte ihm in den übrigen Titulen und im Keyserthum; Er war aber mit denen zur Regierung nöthigen qvalitäten nicht begabet/ daß er die alten und neu-erworbene Plätze des Reichs hätte in Gehorsam erhalten können; Geriethe dahero alles in Unordnung. Siniscianus sein Oheimb war der erste/ so ihn feindlich angriff/ welchen die Despotz oder Gouverneurs in Verfechtung ihrer angemasten independenten Freyheit hurtig nachfolgeten. Er gab aber selbst hierzu auch Ursach/ in dem er einen Stadthalter mit Nahmen Vucassinum wieder alle Staats-Regeln zum König in Rassia gemacht/ ihm auch Gewalt über die anderen gegeben. Als diese nur einem Vasallen unterthänig leben solten/ wurden sie sämtlich dermassen entrüstet/ daß sie/ wie des Keysers und Königs eusserster Untergang zu befödern sey/ sich berathschlageten/

und

und endlich den Schluß fasseten/ daß ein jeder seine Stadthalterschafft en Souverain besitzen/ und also dem Reiche entziehen/ dabeneben sich bemühen solte/ damit unter beyden ein Krieg angezetteltwürde. Dies gieng nun alles glücklich von statten/ Vrosius geriethe seinem Favorit in die Haare/ wurde aber grob gepuzet/ gefangen bekommen/ und als er das Reißauß nehmen wolte/ von ihm mit einer eisernen Kolbe aufs Haupt dermassen geschmissen/ daß er den Schwindel drüber bekam/ und das Auffstehen vergessen müste. Und was d׳ abscheulichste dabey war/ so hatte seine eigene Mutter Elisabetha der Bulgaren Königs Tochter zu solcher Hinrichtung ihres Sohns den Vucascinum zuvor angereitzet/ Bemühete sich auch/ auß einer/ zweifels ohne/ nicht allzu ehrbahren Ursachen/ und brachte endlich zu wege/ daß

LVI.
VUCASSINUS

König in Rassia bliebe. Dieser war nicht allein von sehr geringer extraction, sondern

I. Historischer Theil. 133

dern hatte auch keine sonderliche Lust/ Königliche oder andere glorwürdige Thaten zuverrichten/ dahero er auch in den sechs Jahren seiner Regierung nichts remarquables vorgenommen/ als daß er dem Soliman I. einmahl die Spitze gebothen; Denn als dieser mit seinen Muselmännern in Thracien an jenes Gräntzen zu nahe kam/ wurde er von den Serviern/ und Raßiern/ wie ers verdiente/ bewillkommt. Er bekam nemlich dapffere Schläge/ und muste den Krebs- oder vielmehr den flüchtigen Hasen-Gang lernen. Wiewohl die Unvorsichtigkeit/ und allzuzeitige Sicherheit der General-Personen/ so ihre mit reicher Beute beladene Soldaten wieder nach Hauß convoyrten/ Ursach war/ das die meiste nicht allein die Beute/ sondern auch ihre eigene Köpffe auf dem Wege hinterlassen müsten/ denn sie wurden von denen Türcken hinterlistiglich wider angegriffen/ die meisten von ihnen zerstäubert/ und das Gefilde heßlich verwüstet. Vucaßinus muste bey dieser Gelegenheit/ damit er denen streiffenden Türcken entrinnen mögte/ sich mit einem geringen comitat zu Pferd ungesäumt auß dem Staube packen. Als er sich aber ausser alle Gefahr zu seyn vermeinete/ und bey einem kühlen Brunnen sich ein wenig nach so langem Strapazzo mit den Seinigen refraischiren wolte/ wurde ihm/ indem er der Ruhe pflegte/ von einem seiner flüchtigen Reiß-gefehrten/ der zu seinem überaus kostbahren Halßbande Lust bekommen/ die Kehle weggeschnitten. Hieraus erhellet auch sattsam die Schwachheit dieses hirnlosen Königs/ der mit köstlichen Juwelen geschmücket wieder den Feind auszog/ gleich als wens da Zeit gewesen wäre in weibischem Schmucke und reichen Kleinodien zu prangen/ da er doch vielmehr die Brust mit Eisen muntieren/ und durch tapferes Gefechte den Seinigen ein Exempel der Nachfolge hätte geben sollen.

LVII.
STEPHANUS TUARTKO
so Ober-Banus in Bosnia war/ brachte
wie-

I. Historischer Theil.

wieder empor/ und behauptete die prætension seiner Lands-Genossen auf Rassia/ wieder den darin streiffen den Soliman/ zwang ihn auch/ das er in sein Thracien sich wieder verkriechen muste. Seinem Vater gleiches Nahmens hatte Carolus König in Ungarn in diesem Banat, dem Mladino Sohne eines andern Bani des Pauli, welcher diese Provintz nahmens der Cron Ungarn dem vorberührtem Neeman II. wider abgenommē hatte/ substituirt. Dieser Stephanus hatte eine Printzessin aus Polnischem Geblüte geheirathet/ und wurde durch diese Alliantz also mit erstgemeldtem König Carl, der auch eine Togter Ladislai Loctici Königs in Polen sich beygeleget hatte/ befreundet. Er erhielte dadurch nicht allein das Governo, sondern auch die erbliche Souveraineté über Bossina/ doch daß er eine geringe Recognition der Cron Ungarn davor thun muste. Daher fügte es sich/ das sein Sohn Stephanus Tuartko/ weil er sich durch seine höchstrühmliche Leibes- und Gemüths Qualitäten

täten/ und neulichen tapffern Wiederstand/ so Soliman von ihm verspüren muste/ in weit grösserem Ansehen gesetzt hatte/nicht allein vom Könige Ludovico des Caroli Nachfolger/ in den Besitz seiner vorigen Gewalt confirmiret, sondern ihm auch der Königliche Titul von Bossina beygeleget wurde. Ja es gab gedachter König Ludwig/ Rassiam auch darzu/ und setzte ihm die Krone mit eignen Händen auff.

Stephanus führte mit den Seinigē die gantze Zeit über/ als Ludwig in Ungarn regierte/ ein stilles und geruhiges Leben/ und fieng nichts feindseliges an. Als er aber bey der Königin Mariæ zeiten von derselben Rebellen zu einer Ligue eingeladen wurde/ bediente er sich sothaner Gelegenheit seinen Staat zu vergrössern. Brachte dahero/nur/wie er vorgab/ ihnen zu Gefallen/ eine considerable Mannschafft auf die Bein/ und verschaffte damit/daß nicht allein gedachte Malcontenten in Aurana nicht gedämpft werden konten / und Sigismundus, sobald

bald er nur die Königin Maria hatte
gerettet/ die Lust solche zu bezwingen fallen ließ/ sondern er bekam auch Clissa,
und Almissam. in die Hände/ überwand
die Ungarn in einem Treffen/ und im-
patronirte sich der Stätte Trau/ Spa-
latro/ und Sebenicko/ welche zwar vermög ihrer defensiv-alliance sich unter
einander in etwas zu Hülffe kamen/
doch endlich/ wie sie von Sigismund ihrer Hofnung nach/ nicht entsetzet wur-
den/ sich seiner Macht nebst denen Insuln di Lesina, und di Brazza im Jahr
1390. willig ergaben. Im folgenden
Jahre endigte Tuartko samt dem Regiment auch das Leben/ und hatte

LVIII.

STEPHANUM DABISCIAM
zum Nachfolger. Als aber dieser die
conduite und das Glücke seines Antecessoris nicht hatte/ und gleich anfangs
schlechte Probstücken und Wahrzeichen
seines künfftigen Verhaltens blicken ließ/
wurde er auch nicht von allen zum Könige aufgenommen. Der Banus Vuck-
sein

sein vornehmster Hof-Bedienter nahme öffentlich des Sigismundi Parthey an/ und verschaffte/ daß nicht allein die erworbene Plätze ihrem Herren wieder zurück fielen/ sondern die Rädelsführer der Rebellen/ so an derselben Verlust Ursach gewesen/in seine Hände geriethen. Durch diese Gelegenheit ist Sigismundus in Dalmatien gerücket/ und weil er auffs höchste von Tuartko beleidiget war worden/ begunte er über diesen Dabiscia mit sein erbittertes Rach-Schwerd zu wüte/ muste aber/ als ihm das Gerücht von der Türcken Einfall in Ungarn/ zu Ohren kam/ seine gefährliche Anschläge ändern/ und mit dem Dabiscia, welchen er zuvor auf Anreitzen der Bosnier selbst des Reiches beraubt wissen wolte/sich in reciproqve defensions - Tractaten wieder den Türcken einlassen. Hierauf erfolgte nun die unglückliche Schlacht zu Nicopoli, weßwegen Dabiscia bey den Seinigen gantz verhast wurde/ und muste/als er nur fünff Jahr den Regiments-Zügel in Händen gehabt hatte/ entweder auß Unmuth

muth/oder wegen beygebrachtes Gifft den
Geist aufgeben. Welches verursachte/
daß die Türcken grosse progressen in Bossina und Rassia thaten/ und die Magnaten unter sich gantz uneins wurden/indē etliche des Sigismundi, etliche des Baiazets/
andere ihre eigne Parthey hielten/ und
nach der Eigen- und Ober-Herschafft ü-
ber die anderen sich sehneten. Unter welchen war   LIX.

STFPHANUS OSTOIA.

Dieser wurde wegen eigner Macht/ und
das Ansehen seiner Adhærenten zum König öffentlich ausgeruffen weßhalben er
des Königlichen Titels sich ungescheut bediente. Sigismundus inzwischen/ damit
er sich in Ungarn wieder empor bringen
mogte/ fand sich genöthigt überaus grosse Geld-Summen seinen Unterthanen
abzupressen; Lude dadurch derselben
Haß dermassen auf sich/ daß sie Ladislau-
um König zu Neapolis wieder ihn zu
Hülffe zu ruffen sich unterstunden. Gleichwie nun die Staats-Klugheit mit sich
bringt/daß man mit denjenigen/ so unsers

Wie-

Wiederſachers Macht zurücke halten
können/ in guter intelligence ſtehe/ ſo un-
terlies Oſtoia auch nicht/ mit den Malcontenten ſich in Freundtſchafft einzulaſſen/
und ihnen mit müglicher Hülffe bey zu
ſpringen. Wodurch er gantz unanfoch-
ten blieb/ ſo lange bis des Sigismundi
Glück unterdrücket wurde. Als aber
ſolches wieder empor kam/ und er mit
denen Rebellen wieder außgeſühnet
wurde/ hetzete er dieſem Oſtoia einen
mächtigen Feind/ nemlich

LX.
STEPHANUM TUARRTKUM SECURUM.

des erſten Stephani Tuartki Sohn auff
den Halß/ welcher ſich in gute Poſtur
ſetzte/ und jenen vom Throne jagte/ weil
er von einem Bán/ Graff Erüyia
genannt/ tapffer ſecundiret wurde. So
hielte dieſer zuvor mit dem Ladislao Könige zu Neapolis, hatte auch das Occidentaliſche Dalmatien faſt gantz unter
deſſelben contribution gebracht/ und da-
hers groſſe Gewalt und Güter in Beſitz
bekom-

bekommen/ als er aber seines Königs Glück wancken sahe/ wolte er das seine festsetzen/ Gieng also nach dem Sigismund über/ und bot dem Tuartko Scuro in Vertreibung des Ostoiæ Hülffreiche Hand.

Dieser innerliche Krieg öffnete aufs neue dem Bajazet freyen Einzug; Es nahmen zu demselben auß desperation, Ostoia so wohl/ als vorberührter Ban/ der bey Sigismund in Ungnade gefallen war/ ihre Zuflucht/ und blieben auch etliche Provintzen von Bossina und Rassia in des Groß-Türcken Hände. Indem sich nun diese beyden Stephani um die Crone lange Zeit tapfer herum schlugen/ hatten die Türcken/ so sich allzeit mit hinein mengeten/ von diesem Kriege den besten Vortheil/ wie sie dann auch endlich alles zusamen in ihre räuberische Klauen unter Mahomet den II. bekommen/ sintemahl

LXI.

STEPHANUS THOMAS des Ostoiæ Bastart nach Ableiben der bey-

beyden Cron-Prætendenten den Königlichen Titel zwar angenommen/ aber bald hernach von jenes Tyrannen Mord-Hand erwürget wurde/ durffte also niemand mit der geringsten prætension auf dies Reich angezogen kommen/ nachdem die Regenten dieser Provintzen keine Erben hinterliessen/ und die Könige in Ungarn an der anderen Seiten mehr als zu viel beängstiget wurden.

Heut zu Tage werden gedachte Provintzien/ samt dem jenigen/ so in Croatien/ und Dalmatien die Ottomannische Pforte noch beherrschet/ von einē Beglerbeck/ so dem Vizier zu Ofen parieren muste/ regieret/ und hat derselbe die Bassen und alle die Sangiacken von Bosna, Cernich, Biak, Lika, Carbaua, Clissa, und Erzegouina unter sich. Der Commandant von Bossina pflegte zu Bagnaluca zu residieren/ hält sich aber anitzo zu Serraio auff. Damit aber die anderen SangiaKen ihres Amts (welches in Administrirung der Justitz in denen ihrer Aufsicht anbefohlenen Districkten bestehet) desto

desto füglicher abwarten mögen/ sind sie fast das gantze Jahr durch/ auff der Reise von einem zum anderen Orte begriffen/ und müssen die meiste Zeit auff dem Felde unter ihren Gezelten ruhen.

Das III. Capitel.
von
Dem Reiche und den Königen
des nach NORDEN gelegenen
Dalmatien
oder
CROATIEN.

DEmnach die Slave/ wie oben berührt/ unter Regierung des Heraclii, Dalmatien eingenommen/ die besten darin gelegene Städte/ so sie nur erobern können/ verwüstet/ und kaum angefangen hatten die süssen Früchte ihres Sieges mit Beherrschung des gewonnenen Landes zu geniessen/ musten sie gleich anfangs zu

Ver-

Verthädigung des Jhrigen die Waffen ergreiffen; Sintemahl eine andere Nation/ die von gleicher Kriegs-Lust und Barbarischem Wüten/ wie sie zuvor/ angesport wurde/ auff sie zukam/ ihre Macht wieder sie zu versuchen. Dies waren die Croaten oder Crobaten/ denn weil sie entweder des elenden Lebens müde waren/ so sie in ihrem Vater-Lande/ welches nach Cärnöten hin fast voller ungeheuren Klippen und felsigten unfruchtbaren Oerter ist / auszustehen hatten; Oder aber ihren Anschlag zu bewerckstelligen/ sich gar leicht einbildeten/ Flogen sie nach Art der schwermenden Bienen hervor/ uñ griffen in grosser Furie unter ihrem Feld-Herren
PORINUS
die Slaven an. Gleichwie aber solche zusammen gelauffene/ und zum Kriege übel abgerichtete Barbaren gantz unordentlich mit grosser Blut-stürtzung zu fechten pflegen: Also hielten diese beyde Partheyen auch so manches blutiges Treffen untereinander/ daß die ersten

Uber-

Uberwinder diesen neuen Kriegerern ein gut Stück ihres gewonnenen Dalmatiens überlassen müsten.

Wie nun die Slaven ihre Könige gehabt/ wolten ihnen die neuen Conqueranten hierin nichts nachgeben/ ob man wohl hievon keine außführliche Nachricht findet/ biß zu den Zeiten/ da sie das Joch der Italiänischen Könige (wie an seinem Ort soll erinnert werden/ von sich geworffen; Denn weil gemeldte letzten Könige diesen alten Staat nicht anders als ein Königreich genennet haben/ ist zu vermuthen/ daß es im Anfang auch denselbigen Nahmen geführet/ da es zugleich Croatien von seinen ersten Uberwindern ist benennet worden; Man muß zwar gestehen/ daß sie anfänglich/ wie sie von der Barbarischen Grobheit noch nicht geläutert/ noch in den Christlichen Glauben unterrichtet waren/ in Hütten nach Art der Nord-Länder sich aufhielten/ doch haben ihre Könige auf dem Felde hin- und wieder in den Gezelten ihr Hofstatt/ wie ihre ersten Fürsten

ſten und Hertzöge / gehabt. Was ihre Religion betrifft / muſten ſie durchgehends einen Gott anbeten/ welcher/ wie ſie träumeten / ſich in den Wäldern aufhielte / und ſich nicht ſehen lieſſe / als in Geſtalt der Nimfen und anderen Wald-Götzen / ſo der Teuffel / ſie in ihrem Aberglauben zuſtärcken / in den Büſchen herumwandern ließ.

Es blieben aber die Croaten/ als ſie in Dalmatien ihren Auffenthalt genommen / nicht lange in ſolcher Finſterniß / maſſen ſie unter dem Fürſten

PORGA,

Sohn und Erbfolger des Porini, den Chriſtlichen Glauben annahmen/ und ſich tauffen lieſſen; Wurden auch ie mehr und mehr höflicher/ und führeten in ihrem Reiche ſo gute Ordnungen ein/ als ſonſten wo in Europa. Man findet keine eigentliche Nachricht/ wie weit ſich derſelben Gebiet erſtrecket habe/ weil die Hiſtorici nur ſchlechthin anzeigen / daß von Iſtrien biß an den Fluß Cetina deſſelben Begriff geweſen ſey. Weil aber

gewel-

gemeldet wird/daß des ersten Ertz-Bischoffs Johannis di Ravenna (so ihnen vom Pabste als Nuncius, das Religions-Wesen anzuordnen/ gesand worden) Jurisdiction biß an die Donau gangen sey/ist daher unschwer abzunehmen/das dies Reich damahls sehr groß gewesen/ absonderlich da es auch in eilff Gespanschafften/ oder Zupanias eingetheilet worden.

Sonderlich ist zu mercken die grosse Andacht dieser neu-bekehrten Christen/ denn/ obwohl ihre wilde Natur sie zum Kriege anzutreiben schiene/ versprachen doch alle Vornehmsten auff Anmahnung ihrer ersten Priester/ dem H. Apostel Petro schrifftlich und mit eigener Hand/daß sie niemahls denen benachbahrten Potentaten in ihre Länder einfallen/sondern alle gute correspondence und nachbahrliche Freundschafft mit ihnen unterhalten wolten. Hinwiederum muste auch der Pabst vor S. Peter garantiren und Bürge werden/ daß derselbe ihnen allezeit Beystand leisten/ und den Sieg verschaffen wolte/ fals sie unrecht-
mäß

mässiger Weise von iemand angegriffen würden.

Diese Andacht machte/daß die Croaten nichts feindliches tentirten / dahero weder von ihnen / noch von ihren Fürsten die Geschicht-Bücher etwas melden/ biß an die Zeiten Caroli Magni, welcher im Jahr 774. der Longobarder Reich ausgerottet/und nach achtjärigem Krieg Pañonien bezwungen; Und ob man wohl keine eigentliche Nachricht haben kan/daß unter seinē neuen conquéten/Croatien auch mit sey begriffē gewesen/so ist doch solches aus folgender Begebenheit wahrscheinlich genug: Als sich nemlich im Jahr 800. Carolus zu Aachen auffhielt/und ihm Bericht ertheilet wurde/daß sein getreuer und berühmter Capitain Henricus zu Terzatz in Croatien von der revoltirenden Bürgerschafft verrätherischer weise sey umgebracht worden / soll er sich deßwegen in müglichster Eil dorthin erhoben/ strenge Rache verübet/ und allen Auffstand glücklich gedämpfet haben.

Daher steht zu glauben/ daß Croatien und

I. Historischer Theil.

und der andere Theil von Dalmatien unter Caroli devotion gewesen; Ob es aber mit Gewalt der Waffen oder durch willige Ergebung ihm sey unterthänig worden/ ist auch nirgends anzutreffen/ nur/ daß Dalmatien der Direction der Hertzöge di Forli, welche aus vorgedachten Keysers Macht regiereten/ unterwürffig gewesen sey. Doch ist die willige Ubergab mehr/ als desselben gewaltsahme Eroberung zu præsumiren/ sintemahl denen Croaten die Lust/ absonderlich gefährliche Kriege anzufangen/ vergangen/ und des Caroli Monarchie von Tag zu Tag so mächtig und ansehnlich worden/ daß sich kein Volck mehr schämete/ dieses Alexanders Ober-Herrschafft ohne Zwang sich zu unterwerffen. Sind also die Croaten von ihren eigenen Hertzögen/ so von den Italiänischen Königen dependiert/ doch Kriege führen und Frieden schliessen konten/ regieret worden/ biß sie sich endlich in völlige Freyheit gesetzet. Denn so liset man/ daß der Hertzog

MIS-

MISLAUS

oder Tamislaus ums Jahr 830. mit der Herrschafft Venedig/ so von Petro Gradenico gouverniert wurde/ Kriege geführt/ und ohne ausdrücklichen Consens Ludovici, des Caroli M. Sohn/ sich wieder in Friedens-Tractaten eingelassen/ und daß auch sein Sohn

TIRPIMIRUS

einige Jahre hernach / Freyheits-Brieffe und andere privilegia aus eigener Gewalt nur mit blosser Benennung des Keysers Lotharii ertheilet habe/ als: Regnante in Italia piissimo Lothario Francorum Rege, Ego Tirpimirus Dux Croatorum &c. woraus dann unstreitig folget/ das der Fräncken Herrschafft in Dalmatien nur in einem blossen Ehren-Titel bestanden/ und die Untergebenheit der Dalmatier und Croaten vielmehr eine freye ungezwungene Erkäntnis und willige Ehrbezeigung/ so dem Carolo M. wegen seines Glücks und Ansehens aus Höflichkeit geschehen/ zu nennen sey/ oder das gemeldete Völcker zum wenigsten

nigsten alsobald nach seinem Tode ihre eigene Freyheit wieder ergriffen haben.

Auff diesen Tirpimirum melden die Historien/daß

UNUSCLAVUS, und DIO-
DURUS

gefolget/ fügen aber nicht hiezu/ ob es Brüder/ oder Vater und Sohn gewesen/nur/ daß bey Lebzeiten des zuvor berührten Petri Gradenici Doge di Venezia, sie die Kriegs-Flamme/ der Republiqve zum Nachtheil wieder aufgeblasen/ und so weit avanciret haben/ daß sie Caorle eine nicht weit von Venedig gelegene Insul ausgeplündert haben; Woraus auch unschwer abzunehmen/ daß sie von considerabler Macht zur See gewesen/ weil man auch sonst lieset/ das/ da des Ludovici Pii Keysers und Königs in Italien Söhne unter sich uneins waren/ die Croaten bey ihnen einige Bezeugung ihrer Unterthänigkeit abgelegt/ sich mit denen zu Narenta, welche noch einen absonderlichen Heydnischen Fürsten hatten/ conjungiret/ und

G 3 das

das See-Rauben angefangen/ da die Saracenen hingegen an der anderen seite viele Plätze in Apulien und Dalmatien wegnahmen. Wodurch dann das Adriatische Meer unsicher gemacht/ und der Republiqve so grosser Schade zugefüget wurde/ das sie endlich ihr eüsserstes versuchte/ das Meer wider in vorige Sicherheit zu bringen.

DEMOGOY

oder Fürst Dominicus, so auff die zween vorhergehende Hertzogen gefolget/ fuhr gleichfals fort mit den Venetianern in Feindschaft zu leben/ und verbot also gar nicht seinen Croaten das See-Rauben/ worauf

INICUS,

welcher auch ein Fürst/ und des vorigen Verwandter soll gewesen seyn/ in Istrien gieng/ und darinn ohne Mittleiden dermassen häusierte/ daß der Doge Orsus Badoarus als guter Freund/ und getreuer Nachbahr/ dieser Provintz mit hülfflicher Hand beyzuspringen bewogen wurde; Wie er dann auch in dieser expe-
pedi-

pedition das Glück hatte die Croaten
dahin zu bringen/ daß sie einem jeden das
Seinige/ welches sie geraubet/ wieder
auß-antworten musten; Wie also derselben
Macht und Frevel gedemüthiget
war/ hörten sie gerne von gütlichen Tractaten
schwatzen/ versprachen endlich/ mit
der Republic unverbrüchliche Freundschafft
zu pflegen/ und sonderten sich von
dem Interesse und der Narentaner Lebens-Art
gantz ab.

Wie also Dominicus des Tirpimiri
Geschlechte zum Nachtheil den Thron
betreten/ kam nach seinem Tode

SEDESCLAVUS

oder Sebeslaus, so aus Tirpimiri Verwandschafft
herstammete/ darzu. Dieser
verliesse sich auf des Keysers Basilii
Schutz/ und als er des Inici Söhne ins
Elend vertrieben/ nahm er die Crone mit
Gewalt zu sich/ brachte aber kein völliges
Jahr in Besitz derselben zu/ weil

BRANIMIRUS

vielleicht einer von denen vertriebenen/
ihn durch verübten Meuchelmord ins

Grab brachte/ und also im Jahr 879. die Krone erhielte. Es sind noch Briefse vorhanden/ die Pabst Johannes VII. an ihn abgehen lassen/ worin er sich mit ihm erfreut/ daß er nebst seinen Landsleuten die Römische Lehre wieder angenommen. Es hatten nemlich die Croaten auf Anreitzen Keysers Basilii die Herrschafft der Italiänischeu Könige von sich abgeweltzet; Denn dieser als ein schlauer Politicus besanne sich wärender Unordnung und Streitigkeit unter des Caroli Magni Nachkommen auf allerhand Räncke/ wie er das Occidentalische Keyserthum dem Seinigem reuniren möchte; Liebkosete dahero/ so gut er konte/ vors erst die Croaten/ halffe ihnen ihre independence behaupten/ und verleitete sie auch so weit/ daß sie dem Röm. Stuhl allen Gehorsam auffkündigten. Es hatten sich also die Croaten nach den Satzungen und Glaubens-Artickuten der Morgen-Ländischen Kirchen biß dato bequemet. Nach Veränderuug aber der Conjuncturen wurde Branimirus von

seiner

seiner Staats-Klugheit/wieder umzusatteln/ verleitet. Denn weil er sich einen ungezweiffelten / und wie es schiene/ unversöhnlichen Feind an den Keyser Basilium, indem er einem von ihm auf den Thron gesetzten Printzen den Halß gebrochen/ erwecket hatte/ fand er sich genöthiget/ mit denen/ so ihm zuwieder waren/ in Alliantz zu treten / wurde derhalben nach reiffer Uberlegung schlüssig / aller Lateinischen Fürsten / und sonderlich des Römischen Pabstes Freundschafft sich zu versichern. Damit er aber hierzu den Weg rechtschaffen bahnē/und von ihnen sämmtlich erwünschte Hülffe desto gewisser erlangen mögte / brachte er zu wege/ daß alle seine Leute den Satzungen der Römischen Religion wider Gehör gaben.

Was sonsten für Veränderungen des Branimiri Regiment sey unterworffen gewesen / ist wegen Mangel gebührender Nachricht von selbiger Zeit/ nicht kundig. Doch macht ein uraltes Privilegium, so

Grab brachte/ und also im Jahr 879.
die Krone erhielte. Es sind noch Brief-
fe vorhanden/ die Pabst Johannes VII.
an ihn abgehen laſſen/ worin er ſich mit
ihm erfreut/ daß er nebſt ſeinen Lands-
Leuten die Römiſche Lehre wieder angenommen. Es hatten nemlich die Croaten auf Anreitzen Keyſers Baſilii die Her-
ſchafft der Italiäniſchen Könige von ſich
abgewaltzet; Denn dieſer als ein ſchlau-
er Politicus beſanne ſich wärender Unordnung und Streitigkeit unter des Caroli Magni Nachkommen auf allerhand
Räncke/ wie er das Occidentaliſche Key-
ſerthum dem Seinigem reuniren möchte;
Liebkoſete dahero/ ſo gut er konte/ vors
erſt die Croaten/ halffe ihnen ihre independence behaupten/ und verleitete ſie
auch ſo weit/ daß ſie dem Röm. Stuhl
allen Gehorſam auffkündigten. Es hatten ſich alſo die Croaten nach den Satzungen und Glaubens-Articulen der
Morgen-Ländiſchen Kirchen biß dato
bequemet. Nach Veränderung aber
der Conjuncturen wurde Branimirus von
ſeiner

I. Historischer Theil.

seiner Staats-Klugheit/wieder umzusatteln/ verleitet. Denn weil er sich einen ungezweiffelten/und wie es schiene/unversöhnlichen Feind an den Keyser Basilium, indem er einem von ihm auf den Thron gesetzten Printzen den Halß gebrochen/ erwecket hatte/fand er sich genöthiget/mit denen/ so ihm zuwieder waren/ in Allianz zu treten/ wurde derhalben nach reiffer Uberlegung schlüssig/ aller Lateinischen Fürsten/ und sonderlich des Römischen Pabstes Freundschafft sich zu versichern. Damit er aber hierzu den Weg rechtschaffen bahne/und von ihnen sämmtlich erwünschte Hülffe desto gewisser erlangen mögte/ brachte er zu wege/daß alle seine Leute den Satzungen der Römischen Religion wider Gehör gaben.

Was sonsten für Veränderungen des Branimiri Regiment sey unterworffen gewesen/ ist wegen Mangel gebührender Nachricht von selbiger Zeit/nicht kundig. Doch macht ein uraltes Privilegium, so

G 5 der

der Kirchen zu Spalatro im Jahr 892.
ist gegeben/ erweißlich/ daß

MURCIMIRUS

damahls das Regiment geführet/ ob aber derselbe des vorigen Sohn gewesen/ hat man keine Gewißheit.

Gleichfals findet man nur in denen Venedischen Geschicht-Büchern/ daß im Jahr 912. der Sohn Orsi Badoari Hertzogens zu Venedig/als er von Hofe auß Orient wider zurück gekommen/ in Dalmatien von

MICHAEL

oder Miroslaus Hertzogen daselbst/ arrestieret/ und von dar dem Simoni der Bulgarn Könige gefangen sey übersendet worden. Wie wir aber die Ursachen solches Arrestes nicht haben finden/ noch ausgrübeln können/ so sind auch die Motiven/ weßentwegen derselbige König der Bulgaren einige Jahre hernach mit einer Armade in Croatien eingefallen/ unbekandt; Nur so viel weiß man/ daß seine entreprise zimlich unglücklich sey abgelauffen/ sintemahl Er nicht allein nach

tota-

totaler Ruinirung seiner Mannschafft/ auff das Gebirge hat entfliehen müssen/ sondern es haben die Croaten auch in der Bulgarey scharffe Repressalien gebrauchet/ und das Gefilde erbärmlich verheeret.

Von dieses Michaels oder Miroslavi Zeiten biß auf

 CRESIMIRUM I.

welches fast hundert Jahr beträgt/ liest man nicht das geringste von denen Nahmen/ ich geschweige von den Thaten der Fürsten/ so inzwischen der Regierung vorgestanden; Nur/ das dieser Cresimirus zwey Printzen gezeuget/ von welchen der eine nach seinem Nahmen/ der andere Dircislaus sey genennet worden. Dieser ob er wohl der jüngste Bruder war/ zwange doch dem Aeltisten das Reich ab/ welcher sich mit seinen Sohn Stephano zu Trau auffhielte/ als Petrus Orseolus II. Hertzog von Venedig daselbst ankam/ im Nahmen seiner Principalin der Republiqve die Dalmatische See-Städte in Besitz zu nehmen/ welche

che mit Verwilligung und Erlaubnis der Keyser in Orient, sich in Venetianische protection (: weil sie den Narentanere zuwiderstehen nicht bastant waren:) ergeben hatten. Diesen

DIRCISLAUM

beschuldigen die Venedischen Scribenten/ das er in dem nach Zara gehörigem Gebiete mit den Seinigen/ vielleicht aus rachgierigem Eiffer/ daß so schöne und wichtige Oerter in der Venetianer/ und nicht vielmehr in seine Hände gerathen/ etliche mahl gestreiffet habe/ melden aber dabey/ das er von Otto Orseolus, ein Sohn desjenigen/ welcher in gemeldter Stadt die Huldigung bekommen/ glüklich repoussiret sey. Aus andern Geschicht-Büchern erlernt man/ das Dircislaus der erste gewesen/ so den Titel **Königs in Croatien und Dalmatien** öffentlich geführt/ und vom Keyser Basilio und Constantino die Belehnung dessen/ nebst dem Wapen bekommen habe. Selbige sahen zweiffels ohn ungern/ das sie obengemeldter Städte/

so sich

so sich unter Venetianische Beschützung gegeben hatten/ entbehren musten/ wurden derhalben unter sich eins/ denen Croatischen Hertzogen freywilliglich solchen Titel (: wo sie ihn nicht zuvor bey Abwerffung des von den Italiänischen Königen ihnen aufgebürdeten Jochs schon angenommen haben :) beyzulegen/ und vermeineten/ sie dadurch zu engazieren/ daß sie den neuen Besitz der Städte/ den Venetianern disputierlich machen sölten/ als welche zu selbiger Zeit zimlich mächtig waren/ indem sie mit gewaffneter Gewaltthätigkeit des andern Theils des nach der Donau gelegenen Croatiens/ welches von Branimiri, des Sebeslai Todschlägers Zeiten her seine absonderliche Bannos sich gemachet hatte/ sich impatronierten.

Ob aber Dircislaus auch was vorgenommen habe/ die an Venedig übergangene Städte ex jure congrui sive vicinitatis an sich zu ziehe/ hat man keine Nachricht/ nur dieses weis man/ daß nach seinem Ableiben sein vorhin ausgeschlossener Bruder

CRESIMIRUS II.

zur Regierung gelanget ſey. Dieſer verſchaffte/ daß ſein Sohn Stephanus Icleam Tochter des Venediſchen Hertzogen/ als derſelbe zu Trau ankam/ zur Gemahlin bekam. Beyde lebten alſo mit der Republiqve in ſtetem Frieden/ und wurden zugleich mit dem Königlichen Titel verehret.

Dieſer Creſimirus mit Nahmen Petrus/ iſt wohl der mächtigſte von den Croatiſchen Königen geweſen/ ſintemahl er in denen Freyheits-Brieffen/ ſo er etlichen Kirchen bey Antritt ſeines Regiments gegeben/ ſich folgender Formulien bedient: Deus Omnipotens Terrâ, Mariqve noſtrum prolongavit Regnum. Daß nemlich/ Gott der Allmächtige zu Waſſer und Land ſein Reich zimlich erweitert habe. Dieſem aber ungeachtet/ haben ihm doch die Normänner gnug zu ſchaffen gemacht. Denn weil dieſelbigen ſich über ein groß Stück des Landes/ ſo numehro das Königreich Neapolis genenet wird/ Meiſter gemacht hatten/

war

war derselben Gewalt und Macht so hoch gestiegen/ daß sie sich aufs Meer begaben/ und als sie biß Dalmatien kommen waren/ das umligende Land nach ihrem Gefallen zu verwüsten wagen durfften/ so daß auch Cresimirus, der wegen Mangel nöthiger Zurüstung zur See nichts ausrichten/ noch das Seinige defendiren konte/ wider seinen Willen zusehen muste/ daß seine Städte ohne Zwang/ nur aus Furcht der Normänner/ an die Griechen sich ergaben/ weil diese eine mächtige Flotte ins Adriatische Meer ausgeschicket hatten/ mit Bedrohung/ das sie nicht allein mit dem Feinde treffen/ sondern das Verlohrne auch wieder gewinnen wolten. Wodurch sein Reich ruinirt/ und vieler schöner Städte beraubet wurde/ in welchen die Griechischen Käyser das Recht und den Titel der Oberherren in Dalmatien von neuen zu behaupten gedachten. Der Griechische Schiff-Capitain aber/ so vom Käyser Constantino Ducas mit einer ansehnlichen Flotte/ alle Normänner

ner zu verschlucken/ abgefertiget war/ ließ die Hoffnung/ welche sein Käyser von ihm geschöpft hatte/ zu Wasser werden/ und sich von der Furcht und Bangigkeit dermassen einnehmen/ daß er dem Feinde nicht einmahl unter die Augen zugehen/ oder sich aus Durazzo zu begeben wagen durffte. Die Venediger hatten mit denen Croaten/ bey diesem Ungewitter gleichen Schaden erlitten; bekamen aber durch glückliche entreprisen ihre Städte/ so gleichfals denen Griechen in die Hände gerathen waren/ wieder. Welches Glück der König Cresumirus mit Wieder-erlangung des Seinigen auch endlich erhielte. Nachdem also die Griechen alles dasjenige/ was sich ihnen ergeben hatte/ verloren/ die Normänner mit ihrer Conquéte im Neapolitanischen sich begnügen liessen/ und die Herrschafft Venedig in vorigen Besitz ihrer Dalmatischen Städte wieder gesetzt war/ konte Cresimirus, der weiters von niemand angefochten wurde/ das Regiment seinem Sohne

Sohne in Ruhe überlaſſen. Michael Keyſer in Orient nahm vor ihm zur Gemahlin/ die Tochter des Roberti Guiſcardi Hertzogens der Normänner hinweg/ und damit er ihn deſto mehr zum Freunde haben mögte/ gieng er willig ein/ das nicht allein die Republiqve den bey ihr abgekomenen Titel von Dalmatien kühnlich wieder brauchen/ ſondern Creſimirus auch ſein alt- und itzo wieder erlangtes Reich in völliger Souveraineté beſitzen konte. Wie glücklich nun derſelbe in Erweiterung und Widergewinnung ſeines Reichs geweſen/ ſo unglücklich war

SLAVIZUS
ein Sohn/ wie man dafür hält/ des offtgemeldten Creſimiri. Denn derſelbe war kaum auf dem Thron geſtiegen/ als er ſich von einem Graffen mit Nahmen Amicus/ nicht als Freund/ ſondern als Gefangener müſte tractiren laſſen. Die Urſach und Weiſe ſeines Arreſtes iſt unbekand. So viel weiß man/ das dieſes im Jahr 1075. ſey vorgangen/ um welche Zeit er auch ZVO-

ZVONIMIRUM
sonsten Demetrius genant/ zum Erbfolger bekam. Dieser muste anfänglich mit dem Titel eines Hertzogs sich besriedigen/ biß er das folgende Jahr drauf 1076. zum Könige gekrönet wurde. Mit was vor Solennitäten selbiger Actus sey celebrirt worden/ und welche Conditiones er dabey hab eingehen müssen/ hat der Hochgelehrte Cardinal Baronius auß einem bewehrten Manuscripto, so im Lateranischen Archivo zubefinden/ gezogen/ und dem eilften Tomo seiner Annalium inseriert. Dem hochgünstigen Leser wird verhoffentlich nicht unangenehm seyn/ wenn wir solches übersetzt allhie mit beyfügen. Die Worte des berühmten Cardinals sind folgende: Es finden sich im Archiv des H. Lateranensischen Pallastes Acta des Synodi, so in Dalmatien von des Pabsts Gregorii VII. Legatis, dem Gebizone, damahls Abten des Klosters des H. Bonifacii und Alexii, nume-

numehro Bischoffen von Cesena, wie
denn auch von Folcuino Bischoffen
di Fossombruno ist gehalten worden.
In welchem Documento unter andern vom Reiche und denen Königen in
Dalmatien folgende Clausula concernens zu lesen. Im Nahmen der
Heiligen und unzertrennlichen Dreyfaltigkeit. Anno Ein Tausend Sechß
und siebenzig nach unsers HErren
Christi Menschwerdung/ der 14. Indiction, im Monat October. Ich Demetrius, auch Suinimirus genannt/
von GOttes Gnaden Hertzog in Croatien und Dalmatien/ von Euch Gebizone, Nuncio des Apostolischen
Stuls/ und vom H. Vater gregorio
zu diesen Actu gevollmächtigtem/ in
der Synodal-Kirchen s. Petri zu Salona/ durch Fahne/ Degen/ Scepter
und Kron investirter und eingesetzter/ auch durch einmüthige Erkiesung
der

der Geistlichen und des Volckes der Croatier und Dalmatier zu Regierung des Reichs erwehlter König. Verspreche und schwere Euch hiemit/ daß allem dem/was Ihro Päbstl. Heil. mir aufzulegen belieben wollen/ich unverbrüchlich nachleben werde. Die Lehre nemlich des Apostolischen Stuls durchgehends en tout & par tout zu folgen; zu verschaffen/ daß alle Ordnung und decreta des Pabstes oder seiner Legatorum im gantzen Reich unwiedersprechlich respectiert werden; die Gerechtigkeit zu handhaben; die Kirchen zu beschirmen/und zubefördern daß ihnen ihre Zehenden/ Erstlinge / und alles was ihnen von Rechtswegen zukömt/ richtig abgetragen werde; Acht zu haben/ daß die Bischöffe/Priester/Diaconi und subdiaconi keusch und züchtig leben; die Armen versorget/Wittwen und Weysen

ver-

vertheidiget/ auch verbotene Ehestiff-
tungen hintertrieben werden; Durch
meine autorität und den Segen der
Kirchen will ich alle billige Bündnisse
confirmiren/ und auf keinerley
Weise derselben Trennung zulassen das
verkauffen der Menschen verhinderen/
und überal solche Ordnungen einfüh-
ren / damit das Regiment mit GOttes Hülffe in allen Stücken zum guten
Stande komme. Ferner gelobe ich
auch/ jährlich auff das Fest der Himmel-
fahrt Christi/ wie von meinen Vorfahren ist eingewilliget worden/ auß des
Reiches Einkünfften Zweyhundert
Bisantinos dem H. Petro zu entrich-
ten/ und zu befehlen / daß alle/ so nach
mir herrschen werden/ selbigen Tribut
auf gleiche Zeit und Weise zu liefern
continuiren mögen. Gleichfals ver-
ehre und bestätige ich hiermit dem
Päbstlichem Stule das Kloster des H.
Grego-

Gregorii zu Aurana, samt allen dazugehörigen Schätzen und Kostbarkeiten/ welche in einer silbernen Laden/ worinnen die Reliqvien vom Cörper des gedachten H. Gregorii, auffgehoben worden/ in zween Creutzen/ einen Kelch und Teller/ in zween goldenen mit Edelgestein versetzten Kronen/ und einem silbernē Monstrantz bestehen/ wie dann auch alle beweg- und unbewegliche Güter desselbigen Orts/ damit er zum immerwärendem Auffenthalt und Bewirthung der Päbstlichen Gesandten von ihnen eigenthümlich gebraucht werden könne. Jedoch mit diesem Beding/ daß oben gemeldtes Kloster in keine fremde Hände gerathen/ sondern je und alle wege dem H. Petro zuständig sein und bleiben/ von mir aber und meinen Erbfolgern wider aller Menschen Gewalt auf Erden verthädiget und beschützet werden möge.

ge. Solte aber einer wider Vermuthen so vermessen und kühn sein/ daß er gedachtes Convent entweder zu verunruhigen/ oder seines Schatzes zu berauben sich unterstehen würde/ dem müsse die erschreckliche Stimme Gottes/ so der Satan mit seinen Engeln dermahleins wird anzuhören haben/ zugleich mit angehen! Im übrigen ergeb und empfehle ich mich in die Hände unsers Herren Pabstes Gregorii und seiner Nachfolger auf dem Stule/ und will ihm hiemit die Lehenspflicht und den Eyd der Treue abgeleget haben. Ich Demetrius mit Nahmen Suinimirus, König von GOttes und des Apostolischen Stuls Gnaden/ will von dieser Stunden an biß ins künfftige dem H. Petro, und meinem Herren/ Pabste Gregorio getreu und hold sein/ nicht zugeben/ noch Theil haben/ daß weder ihm noch seinen Päbstlichen

lichen Successoribus oder deroselben Legatis an ihrer Freyheit / Leib und Leben Schad noch Leid zugefüget werde. Zu derselben Nachtheil werde ich auch nichts/ es sey was es wolle/ so mir wird anvertrauet werden / entdecken: Das Reich/ welches mir von euren Händen/ mein Herr Gebizone/ ist übergeben worden/ werde so viel möglich/ in Esse zu halten wissen/ und solches weder mit List noch Gewalt/ des Gehorsams gegen dem Päbstlichen Stuhl zu entziehen trachten. Solte es sich auch fügen/ daß mein Herr Pabst Gregorius., seine Successores oder Legati in meine Gewalt geriethen/ will selbige mit aller Ehrerbietung aufnehmen und bewirthen/ auch mit gleichmässiger Ehrbezeigung/ weñ sie zurück wollen/ abziehen und convoyren lassen. Ja ich gelobe/ daß/ nach welchem Ort sie mich beruffen oder einladen wer-

werden/ich denenselben/so weit mein
Vermögen und Capacité sich erstre-
cket/dienstfertig zuerscheinen nicht un-
terlassen werde.

Daß dieser König sich so tieff vor dem
Päbstlichen Stule gedemüthiget/ und
in Desselben faveur zu der Zeit/ da man
weiß/ daß der Pabst wegen Entfremb-
dung des Keysers Henrici IV. so bekům-
mert gewesen/ vorberührte Puncten
alle eingegangen/ könte man zwar seiner Andacht und Frömmigkeit zuschrei-
ben; Weñ man aber muthmassen dörf-
ste/scheint es auch/ daß es darum wohl
müsse geschehen seyn/ weil Zuonimirus
an dem Gefängnis/ und auch am Tode
seines Antecessoris schuldig zu seyn in
Verdacht war/ und dahero eine grosse
Gutthat und absonderliche Gunst-bezei-
gung erhielte/ das er solchem ungeachtet
vom Pabste zum Könige erkläret wurde.
Wiewohl man auch sagen könte/ daß
Zuonimirus, der schon zu des Cresimiri
Zeiten Banus und desselben zur Cron de-

H stinir

tinierter Erb-Printz war/ mit einigem Recht un fast guter Fuge dem Slavizum, der ihm die Krone geraubet hatte/ vom Brod geholffen habe/ und demnach nunmehro die Keyser in Orient, bey welchen sonst die Könige in Croatien die Belehnung zu holen angefangen hatten/ aus Italien und Dalmatien vertrieben waren/ wie der H. Stephanus König in Ungarn einige Jahre vorhero gethan/ solche auch so in Pästlichen Stule annehmen wolle.

Dieser Zuonimirus hatte des H. Uladislai Schwester zur Gemahlin/ und war Ursach/ das die Könige in Ungarn sich einiges Rechts und Anspruchs auff Dalmatien anmasseten. Denn als er keine rechtmässige Erben/ so in seine Stelle treten konten/ verlies/ und sein natürlicher Sohn Stephanus die Regierung der verwittibten Königin ohn aufhören inqvietierte/ befand sich diese genöthiget/ bey ihrem Bruder um Schutz und Hülffe wieder denselben/Ansuchung zu thun; welcher Ihr auch kräfftigen

Bey-

Beystand leistete/ und durch Bezwingung jenes leichtfertigen Vogels von Ihr und denen Ständen in Dalmatien erhielte/ das er zum Erbfolger in selbigem Reiche erwehlet wurde. Das letzte Privilegium, welches vom Zuinimiro als Könige ertheilt worden/ ist vom Jahr 1078. Wird also vielleicht dieses/ oder das darauff folgende Jahr/ in welchem alle documenta publica, so annoch befindlich/ ohne Benennung des Königlichen Titels sind ausgefertiget worden/ das letzte seiner Regierung und Lebens seyn gewesen. Auff ihn folgete der vorhin schon gemeldte

STEPHANUS,
welcher/ weil man ein Schreiben findet/ worin er sich einen Königs-Sohn und Enckel nennet/ zum wenigsten aus Königlichem Geblüte muß gewesen seyn. Nach dem aber zu gleicher Zeit/ wie einige Geschichtschreiber melden/ die Magnaten wegen der Crone unter sich in die Wette fochten/ und das gantze Reich voller Lärmen und Niederlagen machten/ ist es wohl gewiß

daß

daß Stephanus ein Baſtart geweſen/ weil ihm wohl ſonſten nicht faſt ein jeder den Thron diſputirlich hätte machen und ſelben ſich zueignen wollen.

Wärender dieſer gefährlichen Unruhe und Zertrennung der Gemüther war die verwittibte Königin nicht wenig bekümmert; nahm derohalben Ihren recours abermahls zu ihrem Herrn Bruder S. Ladislaum, mit Erſuchen/ das derſelbe ſie von dem ungeſtümmen Anlauffen/ und der Gewalt/ ſo ſie von ihren Prætendenten/ welche durch ſothane Heyrath mit Ihr/ im Reiche durchzudringen verweinten/ theils ausgeſtanden/ theils noch ferner zubefahren hatte/ befreyen mögte. Zu welchem Ende er dann eine ſchöne Armee tapferer Combattanten auf die Beine brachte/ und weil er/ wie ein Patriot berichtet/ ausdrücklich beruffen und ordentlich eingeladen wurde/das er das Scepter anzunehmen/ und die eingeriſſene Mishelligkeiten/ ſo wegen der Ialouſie unter den Prætendenten der Crone und Königin

täglich)

täglich wuchsen/ auszureuten hinüber kommen mögte/ ist er nach Croatien aufgebrochen/ und daselbst durch starcken Arm seiner Gendarmerie, und eigene Gegenwart/ der Ehr-und regiersüchtigen Unterwindung jener Tumultuanten einen Capo-Zaun angelegt. Wurde also an allen Orten/ wo er nur hingelangen kunte/ als Ober-Herr auffund angenommen. Ehe er aber denen See-Städten eine gleiche Visite geben konte/ ruffte ihn die Noth und Gefahr/ worin sein eigen Land steckte/ wiederum nach Haus; Denn es war ein starcker Hauff Barbaren aus Norden in Ungarn eingefallen/ die er nothwendig mit dem Schwerd bewillkommen/ und wieder nach Hause weisen muste. Welches auch im Jahr 1091. geschah/ da S. Ladislaus seinen Enckel

ALMUM

zum König seiner Conquete einsetzte. Von welcher Zeit an die Ungarischen Könige dem Titel ihres eigenen Reichs/ die Nahmen: Croatien und Dalmatien

matien mit einverleibet/ damit sie aber solchen/ nebst dem Besitz desselbigen Landes behaupten mögten/ in unzehlich viel Kriege sich einwickelen müssen.

Es hatte zwar Ladislaus im Testament verordnet/ daß sein Enckel Almus auf dem Throne seine Stelle einnehmen solte/ als er aber im Jahr 1095. seinen heroischen Geist aufgegeben/ konte sein letzter Wille keine Statt finden. Deñ obwol Almus eine holdselige Freundligkeit von sich leuchten ließ/und dahero von jederman sonderlich geliebt und zum Könige hefftig verlanget wurde; War doch der hochmüthige und trotzige Coloman sein älterer Bruder im Wege/ als der nicht für genehm halten wolte/ daß sein Vater ihn von der Crone ausgeschlossen hatte; Damit er also solche Disposition mit dem Degen zernichten/ und unkräfftig machen mögte/ ließ er sich vorhero/ weil er zum geistlichen Stande schon eingeweihet/ und Bischof zu Nitria war/ zu Rom durch eine Päbstliche Dispensation seiner Pflicht entbinden/ und
da-

darauf ungemeine Kriegs-Præparatorien verfertigen. Wie nun hieraus Almus seinen Ernst/ und worauf es gemüntzet war/ sattsam absehen konte/ wurd er als ein furchtsamer und Fried-liebender Printz bewogen/ in der Güte vor ein auf jenseit der Theiß gelegenes Hertzogthum die Crone seinem Bruder abzutreten. So bald sich also Colomannus auf'm Throne festgesetzet hatte/ war dies seine erste Sorge/ wie er desjenigen/ so Ladislaus in Dalmatien nicht hat erhalten können/ habhafft werden mögte/ dahero als er innen worden/ daß einer mit Nahmen Petrus sich darin zum Könige aufgeworffen/ und über die weit entlegene Oerter nach seinem Gefallen dominirete/ schickte er etliche Meuchelmörder/ mit ausdrücklichem Befehl/ das sie ihn/ wie auch geschehen/ umbs Leben bringen mögten/ voraus/ und brachte mitlerweile nicht allein eine ansehnliche Mannschafft zusammen/ sondern resolvirte sich auch durch Gegenwart seiner eignen Person die Militz zu tapferem Wohlverhalten an-

H 4   zu-

und begab sich also nach der Drau hin auf den Weg.

Es hatten die Croaten und die am Meere wohnende Dalmatier die Herrschafft der Ungarn/ denen die weiter im Land hereingelegene Provintzen schon willig parirten/ noch nicht geschmecket/ und weil sie durch Hoffnung/ die Independentz und uneinnschränckte Freyheit zu erlangen/ von denjenigen/ so im Anfang um die Cron und die Königin in die Wette buhleten/ auffgemuntert wurden/ machten sie sich/ auf erhaltene Nachricht/ daß der König Colomanus sie mit Gewalt unter sein Joch zu treiben heranrückte/ so kühn ihm die Spitze zu bieten. Es ist aber ein solches Corpo, so entweder von keinem/ oder vielmehr von vielen Köpfen commandiret wird/ lange Zeit zu subsistiren/ geschweige was Hauptsächliches vorzunehmen/ nicht bastant. So gieng es diesen Leuten auch/ ob sie sich schon anliessen/ als wenn sie biß auf den letzten Bluts-Tropfen ihre Freyheit zu verfechten resolvi-
ret

I. Historischer Theil.

ret wären. Es pflegen sonst rechtschaffene Soldaten/ deren Gemühter eine unerschrockene Tapferkeit beherrschet/ je näher sie dem Feind und der Gefahr kommen/ desto grössere Lust und Hitze zum Fechten zu empfinden. Diese hergegen liessen die vorgefaste Resolution und angenommenen Eiffer bey jedem Schritte sincken/ daher/ als sie nun ihre Fäuste bey Approchirung der feindlichen Schaare recht gebrauchen solten/ legten unsere tapferen Helden vor Ohnmacht die Waffen als gäntzlich Uberwundene nieder/ und schwuren demjenigen/ welchen sie ohn alle Gnade unter die Füsse zu bringen außgegangen wären/ den Huldigungs-Eyd. Hierauf wurde Colomanus von ihnen nach Belgrad, so vor diesem eine weitberühmte Stadt gewesen/ aber ruinirt/ und nunmehro Zara-Vecchia am Meer genennet worden/ begleitet und daselbst mit grossem Frolocken und Jubelgeschrey als absoluter Oberherr über das gantze Reich Croatien und Dalmatien öffentlich rufftiert. Nachdem er nun solches mit seinem Ungarischen Reiche verknüpft/ war er gleichsam Arbiter aller derjenigen Provintzen/ so von dem Carpatischem Gebirge/ und Polnischen Gräntzen bis ans Adriatische Meer gelegen sind. Weil aber sein neu erworbenes Reich, wegen den streiffenden Normännern und Saracenen in continuirlicher Gefahr schwebte/ massen er mit keiner Flotte versehen war/ auch die Dalmatischen Städte ihm so wenig einbrachten/ daß solches zu Ausrüstung nöthiger Schiffen gar nicht zureichen konte/ nahm er derhalben seines Reichs Besten und Interesse in acht/ und schlos mit den Venedigern ein Bündnis/ welche/ weil sie der benachbahrten Städte Meister/ und mächtig zur See waren/ das seinige mit in Sicherheit setzen konten. Ja er gieng mit ihnen einen ordentlichen Frieden ein/ und schwure/ das er niemahls was feindseliges wider sie tentiren / sondern unverbrüchlich gute Freund- und Nachbahrschafft pflegen wolte. Dies war

ihnen

I. Historischer Theil.

ihnen selbst auch nicht gar unangenehm/ massen sie sich auffs meiste angelegen seyn liessen/ das sie das Meer in Sicherheit brauchen mögten/ vermeinten daher keinen grösseren Nutzen aus Zara und anderen ihnen zugehörigen Städten und Insulen zu schöpffen, als daß sie dadurch der Herrschafft übers Meer oder zum wenigsten desselben freyen Gebrauch sich versichern kunten.

Es wären zwar allhie viel mehr Begebenheiten/ so in diesem Königreiche Croatien und Dalmatien weiters vorgegangen/ in unverrückter Ordnung anzuführen; Weil aber solche mit dem Interesse der Republic Venedig durchgehends dermassen vermenget sind/ daß von derselben Recht auff die Seestädte/ so sie zu selbiger Zeit in ihrer Gewalt hatte/ continuirliche Meldung geschicht/ wird vor nothwendig erachtet/ von uralten Zeiten her den Staat solcher Städte zu untersuchen/ und zu berichten/ auff was Weise höchstgedachte Königliche Republic zu derselben Besitz gelanget sey.

H 6 Das

Das IV. Capitel.

von

Unterschiedenem Zustande der See- und Reichs-Städte in Dalmatien.

Gleichwie ich bis zum anderen Theil dieses Tractätleins von den vornehmsten Städten dieser beyden Königreiche, und deroselben Fatis oder Zufällen zu handeln verschiebe: Also bin ich willens, alhier nur eine allgemeine Beschreibung, und diejenigen Begebenheiten, durch welche die Herrschafft über die See-Städte entweder eingeführt, oder verändert worden, vorzustellen. Und weil diejenigen, so noch Reichs-Städte können genennet werden, jederwegs einen absonderlichen Staat formiret haben, wird auch von denenselben

selben ein besonderer Bericht abgestattet werden.

Es ist uber aller Völcker Gebrauch nach/ kein Staat anzutreffen/ in welchem man nicht etliche Städte/ so mächtiger und ansehnlicher/ als die übrigen/ anders Lands/ zehlen könte; Wie absonderlich diejenigen/ so am Meere oder an grossen Flüssen auferbauet/ vor den anderen den Vorzug zu haben pflegen/ weil in denenselben wegen Bequemligkeit der Schiffarth/ alles/ was zur Unterhaltung und Ergetzligkeit menschlichen Lebens gehöret/ füglicher und mit geringeren Spesen als anderswo kan angeschaffet werden; Dahero auch das meiste Volck und der grösste Reichthum jederzeit in denen Dalmatischen See-Städten/ und unter andern zu Zara, Trau, Spalatro, und Sebenico zu finden gewesen. Und wie zu Zeiten des Römischen Käyserthums die Præsides Provinciæ ihren Sitz/ auch bisweilen die Keyser selbst ihre Hoffstatt darinnen zu nehmen pflegten: Also haben sie auch auß eigener Macht denen ein-

H 7 fal-

fallenden Barbaren/ welche über das umligende Land den Meister spieleten/ die Spitze unverzagt bieten können. Weil sie nun unter dem commando der Römer lebten/ auch derselben Herrschafft und autorität willig unter sich maintenirten / oder weil sie meist Römische Colonien waren/ darinnen noch grösten-theils lauter Römer sich aufhielten/ sind sie durchgehends auch von den Barbaren/ die sich in Dalmatien als in ihrem eigenen / häußlich niedergelassen hatten/ der Römer Städte genennet worden.

Die Sarmatier haben sie zwar unter Regierung Maximini im fünfften Seculo attaqviret/ aber vergeblich. Theodericus als er vom Keyser Zeno die Herulier auß Italien zu delogiren außgesandt worden/ ist gar derselben eigenthümlicher Besitzer / aber nicht lange/ gewesen; Deñ es wurden die Gothen unter Keyser Justinian durch kluges Anführen des tapferen Belisarii auß Dalmatien vertrieben; Und ob sie wohl To-
tile

tilam und seinen Bruder Ostroillum zu
Hülffe rufften, auch Dalmatien wieder
einnahmen, blieben iedoch, auch sonst
aller anderen erfolgten Staats-Verän-
derungen ungeachtet, die See-Städte
in der Griechischen Keyser devotion beständig, biß zu Ende des zehenden Secu-
li der freye Staat Venedig aus folgender Ursach sich derselben bemächtiget.

Es lebten damahls zu Narenta, so
eine am Flusse gleiches Nahmens gelegene Stadt ist, etliche Nachkommen
von den ersten Slaven, welche die Provintz Slavonien ihrer Herrschafft
unterworffen, diese hatten gleichsam den
Martialischen Geist von ihren Vorfahren geerbet, als sie aber auf dem festen
Lande keine Gelegenheit solchen auszu-
üben erblickten, sintemahl sie daselbst in
einem kleinen Staat, welcher von einem
independenten Fürsten regieret wurde,
sehr eingeschrenckt lebten, suchten sie Anlaß auf der See durch gnugsame Proben
ihre Tapferkeit berühmt zu machen. Rüsteten zu dem Ende anfänglich nur eine
Flot-

kleine Flotte aus/ segelte damit in Puglia/ und plünderten nach glücklicher Anländung das Hertzogthum Benevento, nachdem sie zuvor den Hertzog daselbst/ welcher diese fremde Gäste nicht aufnehmen wolte/niedergemacht hatten; Als sie aber von dar noch weiter giengen/ und gleichen Muthwillen überall verübeten/ recrutirte und verstärckte Rodoaldus des überwundenen Hertzogs als seines Bruders übergebliebene trouppen und zwange sie damit/ daß sie gemachsam weichen/ in ihre Schiffe sich setzen/ und wo sie hergekommen/ wieder hinreisen musten.

Bey ihrer Wiederkunfft konten ihre Mitbürger zu Narenta an ihnen sattsahm ersehen/ daß sie Stösse bekommen/ giengen ihnen derhalben mit keinen Lorber-Kräntzen und frolockenden Jubel-Geschrey entgegen/ sondern/ damit der ausgelauffene Hauffe wegen seines Misverhaltens desto mehr beschimpfet würde/ die Stadt auch von denen/ so ihre Mitbürger feindlich attaquirt hatten

I. Historischer Theil. 187

ten/ keine schädliche Repressalien zubesorgen hatte/ ist ihnen das Stadt-Thor
auff ewig vor der Nasen zugeschlossen
worden. Diese listigen Vögel stellten
sich zwar hierauff/ als wenn sie sich zu
sothane Züchtigung bequemen wolten/
versteckten sich aber heimlich hinter eine nicht sehr entlegene Insul mit Nahmen Curſola, dannenhero die Einwohner der Stadt in der Meinung/ als
wenn jene völlig aus dem Lande wären/
gantz sicher einschlieffen. Allein die vermeinten Flüchtlinge kamen bey Dunckelheit der Nacht aus ihren Löchern wieder hervor/ überrumpelten die Stadt/
haueten ihre Vertreiber meist alle dar-
nieder/ warffen sich zur absoluten O-
brigkeit auff/ und befestigten den Ort
zu ihrer Versicherung mit einer neuen
Fortification.

Weil aber die Lust zum Kriege bey
ihnen noch nicht verloschen/ fuhren diese
neue Narentaner auff dem benachbahr-
tem Meere in folgenden Zeiten dem
See-rauben obzuliegen immer fort/ weil
sie

sie durch solche profession ihre Sachen in gros Auffnehmen brachten/ indem die Anzahl ihrer Schiffe und ihr Reichthum täglich also wuchse/ daß niemand sich auff dem Adriatischem Meere/ ohne Gefahr des Raubens begeben durffte. Damit aber auff solche weise die Handlung nicht zu Grund gehen mögte/ haben sich privat Personen aus Istrien/ Dalmatien/ und Venedig zusamen verbunden pro redimenda vexa, und damit ihre Schiffen freye passage durchgehends haben mögten/ diesen Raub-Vögeln einen gewissen Tribut zu reichen. Sie hielten aber die eingegangenen conditiones, wie Corsären pflegen/ indem sie solchen unangesehen/ die Schiffe bisweilen halb/ bisweilen gantz ausplünderten/ bisweilen auch/ nach dem es ihnen im Sinn kam/ sie frey und unangetastet passiren und repassiren liessen/ als die da keine Slaven ihrer parôle seyn wollen.

Diese unbillige Gewalt wärete biß ums Jahr 990. Denn als damahls die Dalmatischen See-Städte/ welche

bey

vor und auch nach der Theilung der Reiche zwischen Nicephorum und Carolum M. das Orientalische Scepter anbeteten/ von den Corsaren je länger je mehr geplagt worden/ und wider dieselben/ alles ihres Ansehens ungeachtet/ von den Keysern Constantinus und Basilius keinen Beystand erbitten konten/ wurden sie endlich schlüssig/ zu der Königlichen Republic Venedig/ dessen Handels-Leute zur See gleiches Anliegen hatten/ ihre Zuflucht zu nehmen/ Erboten sich derhalben das sie dem Adriatischen Löwen sich willig ergeben wolte/ wo derselbe sie ihr von gegenwärtigen Elende befreyen würde.

Dies war nun eine Partie/ so die Herren von Venedig nicht auszuschlagen hatten/ alldieweil sie aus dieser Ubergab sich sonderlich mächtig machen konten. Fertigten derohalben aus ihrem Mittel einige nach Constantinopel ab/ der Keyser Meinung/ ob sie diese Offerte annehmen mögten/ zu erforschen/ und erhielten hierüber/ wie etliche Venedischen
Histo-

Historici bezeugen/ den Keyserlichen Consens. Wann solches sich also verhielte/ würds auß folgender Ursachen zweiffels ohn geschehen seyn/ Daß die Keyser vor sich selbst mit den Narentanern/ die allen Griechischen Küsten feindlich zusetzten/ gnug zu thun hatten/ und dahero ihr eigen Interesse zu seyn vermeinten/ wenn sie mit dieser freywilligen Cession die Venetianer/ jenen Raub-Vögeln die Flügel zu beschneiden/ desto mehr verbündlich machten. Welches auch darauf erfolget/ denn es hatten zwar die Venetianer von 160. Jahren hero wider die von Narenta, so viel sie gekont/ gekreutzet/ doch war es biß dato allezeit mit geringem oder gar keinen Nutzen abgelauffen/ machten derohalben grosse Anstalt/ in Hoffnung/ nunmehro mit einer besser equippirten und gewaltigern See-Flotte jenen das Kapern zu verwehren/ absonderlich da diejenigen Städte/ so sich jüngst zur Ubergab bequemet hatten/ Beystand zu leisten versprochen. Bestelten dahero ihren Doge Pietro Oescolo II.

zum

zum General Schiff-Capitain/ welcher ein so wichtiges Werck auszurichten sich auf die Reise begab. Das Gerücht von der Dalmatier Ubergab war schon überall erschollen/derhalben/so bald der Doge am Ufer zu Istrien anländete/ kamen die aus Parenza und Pola ihm entgegen/ legten die Schlüssel/der beyden Oerter zu seinen Fässen nieder/ und waren erbötig/ ihre Kräffte zu Dienste dieser mächtigen Republic in allen Begebenheiten aufzuopfern; Und ob man zwar nicht liefet/ daß Istrien sich in selbige Tractaten wie Dalmatien auch eingelassen/ haben doch gemeldte zwo Städte das Exempel derer in Dalmatien/ vielleicht aus Furcht einiger Gewaltthätigkeit gefolget. Als nun der Hertzog zu Zara angelanget/ wurd er daselbst/ wie auch bald darauff zu Trau/ und Spalatro mit grossen Freuden von den Einwohnern/ die Ihn ihren Erhalter und Erlöser nenneten/ empfangen. Zu gleicher Zeit haben sich auch die Insulen Pago, Veglia und Arbè, durch ihre Deputierten ihm soubmittiert.

Etli-

Etliche stehen in den Gedancken/ daß Ragusa in dieser Gelegenheit desgleichen gethan und sich von der Republic Venedig dependent gemacht habe; Andere aber wollen/ daß solches zweyhundert Jahr hernach solle vorgegangen seyn. Es sey nun hiemit/ wie ihm wolle/ so ist dennoch so viel gewiß/ das/ als der Hertzog Orseolus würckliche und überflüssige Proben ihrer Soumission gesehen/ absonderlich da drey so importante Oerter geschehenem Versprechen nach ihre Kräffte mit den seinigen vereinbahret/ sich unter Lagosta eine Festung/ so auf eine Insul gleiches Nahmens sonst Faria genant/gelegen/ und Narentæ zur Vormauer dienet/ begeben. Sie war zwar mit Volck/ Kriegs-Munition und Aussenwercken von den Narentanern überflüssig versehen/ muste aber nach einer mühsamen und scharffen Beklägerung die Venetianer unter die sieghafften Fahnen des glor-würdigsten S. Marci einziehen/ und bald darauf vom triumphirenden Hertzog sich gäntzlich ruiniren lassen

I. Historischer Theil.

Er machte hierauf mit den Corsaren Friede/ von welchen/ weil durch diese Eroberung ihre Kräffte sehr geschwächet wurden/ man in folgenden Zeiten weiter nichts mehr lieset.

Im übrigen verursachte die Übergab der Dalmatischen See-Städte bey den benachbohrten Fürsten viel Ombrage und verschiedene Meinungen. Mircislaus (welchen einige Historici sonst Murcimirum nennen) war es/ der das meiste Interesse dabey/ und die gröste Ursache darwieder sich zu opponiern hatte/ Sintemahl der Doge Pietro Orseolo im Nahmen seiner Republic den Titel von Dalmatien nicht allein zu brauchen anfieng/ sondern ihm auch den Tribut/ mittels welchen die Städte auff Erlaubnis der Keyser in Orient den Frieden von den Croaten/ so vordiesen mächtiger waren/ einlösen musten/ nicht mehr gestatten wolte. Er brachte derhalben so viel Mannschafft/ alß er konte/ zusammen/ und gieng damit in das zu Zara gehörige Gebiet auff Parthey/
hätte

hatte auch daselbst weit grössere Schaden gethan/ wenn die Venetianer nicht Mittel/ ihn zum Frieden zu bewegen/ gewust. Dirtislaus hatte einen Bruder mit Nahmen Cresimirus/ welcher (wie schon droben bey Erzehlung der Croatischen Königen ist gemeldet worden) der erstgebohrne und also unstreitig der nächste zur Kron war/ und dennoch wegen Gewaltthätigkeit seines Bruders zum Besitz derselben nicht gelangen konte. Damit er sich nun deswegen an ihn gebührend rächen mögte/ läst er sich in eine Allianz mit dem zu Trau anlangenden Hertzog Orseolo ein/ und solche desto mehr zubefestigen/ machte er die Heyrath seines Sohnes mit Icela des Hertzogens Printzessin gewiß. Hiedurch/ oder durch etwa eine andere Consideration wurde Dirtislaus zur Raison gebracht/ daß er weiter nichts feindliches sich unterstunde. Nach seinem Tode regierte der Bruder samt dem Sohne und bliebe nicht allein mit der Republic alß Alliirter in gutem Vernehmen/ sondern halff

halff derselben auch den Besitz der neulich erworbenen Städte behaupten.

Das andere Mittel/ womit der Hertzog den König Dircislaum zum Frieden brachte/ war/ daß er damahls viertzig von den Vornehmsten Narentanern/ welche auß Apullen wiederkamen/ gefangen bekam; Sie waren zwar verbunden durch letzt eingegangene Tractaten mit der Republic in Frieden zu leben/ doch hatte Dircislaus sie wider auffgewiegelt/ und mit ihm in Alliantz zu treten bewogen; So bald sie aber von der Gefängenschafft ihrer Mitbürger Nachricht erhielten/ legten sie die Waffen eilends nieder. Wodurch dann die Hofnung des Dircislai, daß jene den Venetianern eine Diversion machen solten/ zu Wasser wurde/ und er sahe sich desto mehr gezwungen/ auff ein gütliches Accomodement zu dencken. Was die Dalmatischen Städte belanget/ blieben dieselbe ungefehr sechzig Jahr nach ihrer Ubergab in Venetianischer devotion beständig. Alß sich aber die Norman-

ner / aller Venedischer Gegenwehr ungeachtet / zur See nicht wenig formidabel gemacht hatten / und der König in
Dalmatien und Croatien Cresimirus
Petrus / weil er auß Mangel behöriger
See-Armade zu Wasser nichts außrich-
ten konte / seinen See Städten zugelaß-
sen / die Griechen / welche sie zu beschir-
men versprache / zu Schutz- und Ober-
herren anzunehmen / thaten Zara und
die anderen der Republic ergebene
Städte desgleichen / und nahmen an
statt ihrer Venetianischen Graffen /
Griechische Protospatarios ein. Diese U-
bergab soll die erste Rebellion der Stadt
Zara gewesen / und den Ungarischen
Königen / wie gemeiniglich davor gehalten wird / zu Gefallen geschehen seyn. Johannes Lucius aber ein bewerth und
gelehrter Scribent führt klärlich auß /
das vor Absterben des letzten Königs
Zuonimiri, und Regierung des S. Ladislai, welcher die Cron von jenem bekommen / die Ungarischen Könige in
Dalmatien nichts zu thun gehabt.

Nach-

I. Historischer Theil.

Nachdem also die Republic ihre Oerter verloren/ bediente sie sich des Titels von Dalmatien nicht mehr. Als aber die Griechen aus gantz Italien verjagt worden/ brachte der Hertzog endlich das Glück seines Vaterlandes/ wieder empor/ und bekam die verlorne Plätze in seine Gewalt/ daß er also besagten Titel/ dessen von Zeiten Ottonis Orseoli sich keiner hatte bedienen dörffen/ sich aufs neue zu eignen konte.

Alß hernachmahls der König Zuonimirus dies Zeitliche verlassen/ und S. Ladislaus aus Ungarn/ wie schon berühret/ ihm im Reiche Dalmatien und Croatien succedirt/ an die See-Städte aber nichts versuchte/ blieb es auch mit denen/ so nach Venedig gehörten/ in Statu quo. Sein Enckel aber wolte die Eroberung des neulich geerbten Königreiches vor die Hand nehmen/ und hatte auch das Glück alle darin liegende Städte zu emporiren. Zu Belgrad oder Zara Vecchia am Meer/ wurde er gekrönt/ und nahm mit Gewalt denen Venetianern Zara selbst hinweg.

Worauf alle die anderen Städte Venetianische Besatzung auß- und die Seinige einziehen liessen/ also daß das gantze neue Reich dem Commando seines Sohnes Almi oder Almerici, deme er solches unter seine, des Vaters/ Autorität zu verwalten übergeben hatte/ gehorsamen müste. Wieder diese des Colomani Proceduren konte die Herrschafft von Venedig wenig oder gar nichts ausrichten/ massen sie sich auf den zwischen beiden Partheyen geschlossenen Frieden verliessen/ und vermög dessen nicht allein bald darnach mit vereinigter Macht wider die Nortmänner/ so damahls im H. Lande in Kriegs-Händeln verwickelt waren/ agierten/ sondern auch aller ihrer Schiffe/ welche sie dorthin mit denen auß Dalmatien abgesandt/ sich enthalten hatten. Als aber Colomanus im Jahr 1114. sein Leben endigte/ und Stephanus sein minderjähriger Sohn nach ihm in Ungarn das Regiment führte/ begab sich im nechstfolgenden Jahr Ordelafus, Fal er mit seinem Kriegs-Heer in Dalmatien/ und gewan

gewan durch formale Belägerung Alt-
und Neu-Zara, konte aber von dem letzteren das Schloß nicht bezwingen.

Im Jahr 1116. kam er mit besserer
Mañschäfft versehen/ wider/ des verloh-
rnen sich völlig zu bemächtigen. Seine
Soldateska war mit frischen Auxiliar-
Völckern des Griechisch-und Lateinischen
Keysers/ Alexii I. nemlich/ mit welchen
die Republic damahls Frieden hatte/
und Henrici V. der um selbige Zeit zu
Venedig en passant ungemeine Ehre ge-
nossen/ verstärcket. Mit dieser stieg der
Hertzog unversehens in Dalmatien bey
Zara ans Land/ und suchte/ zu Verhinde-
rung eines langwirigen Kriegs/ um die
streitige Possession ein Treffen zu liefern.
Den Ungarn gefiel selbiger Vorschlag
zwar auch/ erlitten aber eine grausame
Niederlage. Worauf diejenigen/ so
die Festung Zara defendirten/ den Muth
verloren/ und den Hertzog den Platz ein-
räumeten. Gleichergestalt bequemeten
sich auß freyen Stücken die Städte
Trau und Spalatro. Sebenico zwar
sper-

sperrete sich/ und wolte einigen Wiederstand thun/ wurde aber bald par force
genöthiget vor dem Adriatischen Löwen
gleichsals sich zu bücken. Des tapferen Faliers ruhm-begieriges Gemüth
war mit diesem Siege noch nicht zufrie-
den/ rückte derohalben von dar mit seinen
Soldaten/ deren Fäuste gleichfals/ was
rhumwürdiges auszurichten/ noch nicht
müde waren/ in Croatien/ und weil er
darinn keine sonderliche Gegenwehr an-
traf/ muste das arme Land-Volck zimlich herhalten/ und viel ausstehen/ biß
der anbrechende Winter die Ruh-be-
dürfftige Soldatesca ihre eigene Quar-
tier zu beziehen anmahnete/ dem sie
auch zufolge in Venedig mit Ehr und
reicher Beute beladen wieder anka-
men.

Durch diese erwünschte Progressen
wurde Falier wider angefrischet im folgenden Jahre 1117. nach Dalmatien o-
der Croatien eine gleiche Reise zu versuchen. Das Glücke wolte sich aber
nicht/ wie zuvor mit seinem weitauffse-

henden Gedancken und gefaſter Hofnung wider verſchwiſtern/ maſſen die
Ungarn ihm nicht allein in einer
Schlacht den Kitzel vertrieben und den
Reſt gaben/ ſondern auch einige im
Lande tief hereingelegne Oerter wiederkamen. Mittlerweil hatte der König
Stephanus die Majorennität betreten/
welcher in eigner Perſon hierauf eine an-
ſehnliche Mannſchafft hereinführte/ und
weil ihm von denen Griechen/bey welchen die ſteigende Macht der Venetianer Verdacht und Jalouſie zu erwecken
anfinge/kräfftiglich beygeſprungen wur-
de/ muſten ihm faſt alle Städte in Dalmatien aufs neue alß ihrem Ober-Herren wieder huldigen.

Dominicus Michiel, ſo an Faliers
Stelle kam/ befand ſich eben zu Soria,
als ihm das Gerücht zu Ohren kam/daß
obgedachte Städte von Dalmatien dem
Stephano wider unterthänig worden/
ließ derhalben die Gedancken was neues zuerwerben fahren/ und beſann ſich
nur auf Mittel des zuvor beſeſſenen ſich

wie-

wiedrum zu versichern. Segelte zu dem Ende nach Dalmatien zu/ goß aber auf der Reise sein mit Eiffer gantz angefülltes Hertz über die Insulen beym Egeischen Meer aus/ und plünderte dieselbe gantz/ damit er sich also an die Griechen/ so mit den Ungarn in Allianz sich eingelassen hatten/ einiger massen revangiren mögten. Als er nun in Dalmatien angekommen war/ nahm er die Belagerung der Stad Trau vor sich/ eroberte den Ort mit Gewalt/ wie auch nachgehends Spalatro, Sebenico und Belgrado. wodurch die Durchleuchtige Signorie zu dem Ihrigen wider gelangete. Wiewohl wegen unterschiedlicher Freyheits-Brieffe/ womit der blinde Bela Stephani Nachfolger die Dalmatischen Städte begnadigt/ wir fast vermeinen dürfften / es haben sich die Ungarn derselbigen Oerter wider bemeistert; auf was Weise und zu welcher Zeit aber solches geschehen/ läßt sich nicht eigentlich sagen. Als aber Geiza nach dem Stephano zur Regierung gekommen/ entstanstanden neue Conjuncturen / wodurch Dalmatien denen Griechen in die Hände fiel.

Es hatte nemlich Geisa einen Bruder nahmens Stephanus, mit welchem er in schlechten Verständniß lebte/ also zwar/ daß dieser sich endlich gemüssiget sahe/ ausser dem Reiche einen sicherern Auffenthalt/ als er in Ungarn fand/ zu suchen. Gieng derohalben nach dem Keyser Fridericum Barbarossam in Teutschland über/ welcher auf unterschiedliche Manier/ diese Brüder zu vergleichen/ sich bemühete/ als er aber sahe/ daß seine Mediation nichts verfangen wolte/ wurd er aufs letzte müde ihn länger zu beschützen/ oder/ wie etliche wollen / nahm von Geiza gute Ungarische Ducaten/ und ließ also Stephanum seiner Wege gehen. Worauf dieser verlassene nach Benedig/ und von dar nach Constantinopel/ sich bey dem Keyser Emanuel zu insinuiren/ reisete. Dieser nahm sich seiner mit allem Einste. an. Die erste Freundlichkeit / so er ihm

ihm erwieß/ war diese/ daß er Goizam mit Krieg überzog/ und ihm wiewohl ohne sonderliche Mühe gantz Dalmatien im Nahmen seines Clienten wegnahm.

Indem also diese Feindschafft des Emanuels mit Ungarn noch wärete/ konte Geiza derselben Außgang wegen dazwischen kommenden Todes nicht erwarten. Weil er aber zweiffelte/ ob sein älterer Sohn/ welchen er als Erben des Reichs verließ/ die verlohrne Provintz jemahls wieder gewinnen würde/ und Er doch auf alle Weise endlich gerne sehen wolte/ daß sie zu seinem Geschlecht etwa durch ein listiges Kunstgriffgen wider heimfallen möchte; Erfand er dies expediens, daß er seinen andern Sohn/ welchen er Bela hatte nennen lassen/ mit Dalmatien unter dem Nahmen eines Apanagii belehnte/ und stellte dem Glück anheim/ ob diese seine letzte disposition seinem Sohne zum Vortheil einsten außschlagen möchte. Es wurde aber Geiza in dieser seiner/

wie

wiewol allem Ansehen nach halb todten Hoffnung nicht betrogen/ vielmehr der glückliche Außgang seiner Mesuren übertraff endlich dieselbe gar weit. Es hatte damahls der Emanuel keine Prinzen/ denen er das Orientalische Reich hätte hinterlassen können; Derhalben/ damit er mit gutem Gewissen Dalmatien/ dessen er sich zwar im Nahmen des Stephani bemächtiget/ solches ihm aber nicht eingeräumet hatte/ behalten mögte/ gedachte er sich einen Weg zubahnen zu desto leichterer Werckstellung seiner Gedancken/ mit welchen er damahls schwanger gieng/ nemlich die beyden Keyserthümer bey gegenwertiger Ruptur des Pabstes mit dem Keyser Friderico in seiner Person zu vereinigen. Auß diesen Ursachen/ oder etwa einer anderen Caprice wurd er schlüssig gemeldten Bela zum Erben auf und anzunehmen. Ließ ihn derohalben auß Ungarn nach Constantinopel kommen/ und ertheilte daselbsten Ordre/ daß er in denen Griechischen Sitten und Land-übli-

Beschreibung von Dalmatien

ihm erwieß/ war Diese/ daß er Goizam mit Krieg überzog/ und ihm wiewohl ohne sonderliche Mühe gantz Dalmatien im Nahmen seines Clienten wegnahm.

Indem also diese Feindschafft des Emanuels mit Ungarn noch wärete/ konte Geiza derselben Außgang wegen dazwischen kommenden Todes nicht erwarten. Weil er aber zweiffelte/ ob sein älterer Sohn/ welchen er als Erben des Reichs verließ/ die verlohrne Provintz jemahls wieder gewinnen würde/ und Er doch auf alle Weise endlich gerne sehen wolte/ daß sie zu seinem Geschlecht etwa durch ein listiges Kunstgriffgen wider heimfallen möchte; Erfand er dies expediens, daß er seinen andern Sohn/ welchen er Bela hatte nennen lassen/ mit Dalmatien unter dem Nahmen eines Apanagii belehnte/ und stellte dem Glück anheim/ ob diese seine letzte disposition seinem Sohne zum Vortheil einsten außschlagen möchte. Es wurde aber Geiza in dieser seiner/

wie

wiewol allem Ansehen nach halb todten Hoffnung nicht betrogen/ vielmehr der glückliche Außgang seiner Mesuren übertraff endlich dieselbe gar weit. Es hatte damahls der Emanuel keine Prinzen/denen er das Orientalische Reich hätte hinterlassen können; Derhalben/ damit er mit gutem Gewissen Dalmatien/dessen er sich zwar im Nahmen des Stephani bemächtiget/ solches ihm aber nicht eingeräumet hatte/ behalten mögte/ gedachte er sich einen Weg zubahnen zu desto leichterer Werckstellung seiner Gedancken/mit welchen er damahls schwanger gieng/ nemlich die beyden Keyserthümer bey gegenwertiger Ruptur des Pabstes mit dem Keyser Friderico in seiner Person zu vereinigen. Auß diesen Ursachen / oder etwa einer anderen Caprice wurd er schlüssig gemeldten Bela zum Erben auf und anzunehmen. Ließ ihn derohalben auß Ungarn nach Constantinopel kommen/und ertheilte daselbsten Ordre/daß er in denen Griechischen Sitten und Land-üblicher Sprache unterrichtet wurde; damit er ihn auch in desto besseren Credit setzen mögte/ theilete er ihm Mariam seines Bruders Isaaci Sebastocratoris Tochter zur Gemahlin zu/ und wolte/ daß er hinfüro nicht mehr Bela, sondern Alexius sich nennen liesse/ als welcher Nahm bey den Griechen mehr bekand und angenehmer wäre.

Die Veränderung der Zeit aber wurf alle diese Projecta übern Hauffen. Dem nunmehro alten Emanuel wurde wieder alles Vermuthen noch ein Sohn zur Welt gebohren/ und Stephanus König in Ungarn/ weil er ohne Erben versterben muste/ rieff Belam seinen Bruder zur Succession. So bald ihm nun solches zu Ohren kam/ war er schon so klug/ daß er das Ungewisse fürs Gewisse fahren ließ. Gieng derohalben nach Ungarn/ und ließ sich die auf ihn devolvirte Crone auffsetzen/ konte aber den Keyser Emanuel zu Abtretung des Reichs Dalmatien nicht bewegen/ daß also solches bis auf den Tod dieses Keysers/ der im Jahr

Jahr 1180. erfolgte / in der Griechen Gewalt verbliebe. So bald aber dieser Emanuel die Augen geschlossen/ ergaben sich die Dalmatischen Städte wieder an Ungarn/ und schwuren alle ungezwungen dem Bela als ihrem Ober-Herren getreu/ hold/ und unterthänig zu bleiben. Dieser bestetigte ihnen hergegen nicht minder als seine andere Königliche Vorfahren/ ihre Privilegia, so in folgenden bestanden: Nemlich/ daß sie nach ihren eigenen Gesetzen und wohlhergebrachten Gewohnheiten unter eines Bischofs/ und einheimischen Grafens Auffsicht/ und Oberherrschafft Ihrer Königlichen Majestät ihr Regiment einrichten solten/ und dem Könige nur zwey Theile von der öffentlichen Acciß/ wovon ein Theil zum Nutz und Unterhaltung des Grafens solte angewendet werden/ zu entrichten schuldig seyn. Die Herrschafft von Venedig hielt in zwischen auf ihre alte Prætensiones steif und fest/ schickte bey Regierung des gemeldten Belæ, Oriam Malixierum in Dalmatien/ zu versuchen/

über

ob er des verlornen sich wider bemächtigen könte. Er zwange zwar etliche Oerter von geringer consideration, daß sie Ihm huldigen musten/ so aber bey seiner Rück-reise/ samt denen anderen/in Ungarischer devotion beständig blieben.Als aber der Rath von Venedig aus übergrosser Genereusité dem Balduino und anderen geistlichen Rittern Schiffe und allerhand Provision zur Reise in Orient vorgestrecket/ erhielte Er hingegen bey ihnen/ daß selbige See-Armade/ indem sie das Dalmatische Ufer vorbey segelte/ einen Anschlag auf Zara versuchte/ und solches in Venetianische Hände wider lieferte. Gleichwie aber dieser gezwungene Huldigungs-Eyd den die zu Zara der Republic leisten musten / ihnen leid/ und ihrer Inclination gantz zu wieder war/ trugen sie kein Bedencken solchen Widerwillen durch öffentliche Zeugnüsse an den Tag zulegen. Damit sie derhalben besser in Zaum mögten gehalten werden / befand die Republic vor gut/ daß ihre sieghaffte Armade den gantzen

Win-

Winter des folgenden Jahrs 1202. bey Zara ligen bleiben mögte. Sie sahe aber/ daß man die schwürigen Gemüther hiemit nicht bändigen konte/ ließe demnach/ als die Flotte im Frühling absegeln solte/ den gantzen Ort völlig rasiren/ und ernstlich verbieten/ daß niemand/ er sey wer er wolle/ sich unterstehen solte/ daselbst wieder zubauen/ oder sonsten einige Wohnung und Auffenthalt zusuchen. Und damit solchem Verbot keiner zuwider leben mögte/ wurd auf der nechstgelegenen Jnsul eine Forteresse angelegt/ und mit starcker Besatzung/ die ein wachsames Auge darauf haben solte/ versehen. Aber eine so klägliche Zerstörung der Stadt/ und so gewaltthätige harte Mittel/ deren die Venetianer/ sich diese Leute zu bezwingen/ bedienten/ richteten nichts anders aus/ als das sie dieselben noch mehr erbitterten/ und ihren Zorn vollends in toben- und wütende Rachgier verwandelten. Es waren unter ihnen viele überauß reiche und begüterte Leute/ welche mit denen andern
gemei-

gemeinen Bürgern eine solche Compagnie eingiengen/ daß jene nothwendige Gelder/ diese aber ihre Müh und Arbeit zu Außrüstung etlicher Kriegs-Schiffe conferieren wolten. Nach Verfertigung derselben begaben sie sich damit aufs Meer/ und liessen fast kein eintziges von den Venetianischen Schiffen passiren/ welches ihr wütendes Rach-Schwerd und räuberische Hände nicht hätte empfinden müssen. Dis war ihnen aber noch nicht gnug/ ihre ergrimmte Gemüthe zu vergnügen/ weil dadurch ihr Schade nicht gutgethan/ noch sie in den vorigen Wohlstand wieder eingesetzet wurden; sintemahl das Fort stehen bliebe/ und sie abhielte/ daß sie ihr verwüstetes Vatterland nicht wider aufferbauen/ und bewohnen konten. Sie versuchten zwar öffters/ der Festung entweder durch heimliche List/ oder öffentliche Gewalt sich zubemeistern/ jene aber wurde zeitlich entdecket/ und diese durch stärckere Gegenwehr zu nichte gemacht/ bis ein unvermutheter Zufall zehen Galeren

leren von Gaeta dies Meer zu paſſieren bewog/ bey welchen die Zaretiner mit ihren Uberredungen ſo viel zu Wege brachten/ daß ſie ſich zu ihnen ſchlugen/ und ſie alſo das Schloß mit gewaffneter Hand endlich uberſteigen konten. Alſobald muſte ſolches wider en revange geſchleifft/ und die gantze Beſatzung zum Sühnopfer ohne Anſehen der Perſonen maſſacrieret werden.

Durch dieſen glücklichen Streich bekamen die Uberwinder freye Gewalt/ das verwüſtete Zara wider aufzurichten/ griffen derhalben ſolches Werck mit Freuden/ und allem Ernſte an. Allein dies Vornehmen ſchien nicht allzu ſicher zu ſeyn/ maſſen ſie leichtlich/ ehe ſie ſich in gnugſame Defenſions-Verfaſſungen ſetzen würden/ von der Venetianiſchen Macht überfallen werden könten; Und das um ſo viel mehr/ weil ſie aus Ungarn keine Aſſiſtence zu hoffen hatten. Maſſen allda Emanuel/ die Krone zu behaupten/ Andreas aber/ ſeinem Bruder ſolche zu nehmen/ in Harniſch waren/ und

und also der Völcker selbst hochnöthig hatten. Derohalben giengen die von Zara in sich/ fasten die Entschliessung/ weil sie doch der Venetianer Macht nicht gewachsen wären/ und derselben aufs letzte nicht entfliehen könten/ sich freywillig Ihnen zu ergeben/ und kamen also wider iu Venetianische Contribution. Doch ist solches von keiner anderen/ alß der eintzigen Stadt Zara geschehen/ weil man lieset/ daß nicht allein die Ungarischen Könige die gewöhnlichen Actus ihrer Königlichen Superiorität in Dalmatien zu exerciren immer fortgefahren/ sondern daß auch der König Andreas/ so endlich seinem Bruder Emmerico succedirt/ das General Governo über Dalmatien und Croatien dem Pontio der Tempel-Herren Groß-Meister en qualité eines Vice-Königs aufgetragen/ und ihm zu seiner Hoffstatt die Festung Clissa eingeräumet: Er selbst aber sol/ weil er einen Zug Ins H. Land vorhatte/ sich zu Spalatro ins Schiff gesetzt/ und seine Reise angetreten

ten haben. Daher abzunehmen daß die Cession von Dalmatien/ so dieser König/ wie etliche Scribenten wollen/ der Republic Venedig gegen Reichung einiger Schif-Provision sol gethan haben/ entweder erdichtet/ oder von der einzigen Stadt Zara zuverstehen sey. Denn wie hätte er bey seiner Abreise einen Vice-Roy in diesem Reiche hinterlassen können/ wenn zu gleicher Zeit solches von ihm der Herrschafft Venedig wäre übergeben worden? Ja wer wolte so leichtglaubig seyn und sich bereden lassen/ daß er so viele wichtigen Oerter ohne Noth und Zwang aus blosser Freygebigkeit den Herren Venetianern aufgetragen hätte?

Vielmehr steht zu glauben/ (wie der Historicus Gio. Lucio klüglich hievon raisoniert) daß die Republic zu selbiger Zeit der Schiffart/als wodurch sie zu einem so grossen Ansehen und unbeschreiblichen Reichthum vornemlich gestiegen/ gantz sey ergeben gewesen/ dahero/ weil der Dalmatier natürliche Zuneigungen und

und Sitten denen ihrigen gantz zu wider waren/ und sie bey jeder Gelegenheit/ daß sie lieber denen Ungarn anhangen/ als unter Venedig stehen wolten/ klärlich zu verstehen gaben/ bemühete die Republic sich nicht sonderlich des gefährlichen Besitzes derselben habhafft zu werden/ und wolte sich lieber mit Zara/ alß welche die considerabelste Stadt in Dalmatien war/ und die Passage ihrer Flotten oder anderen Schiffe durch den Golfo sicher gnug machen könte/ begnügen/ und die Ungarn/ so mit keiner Schifs-Armade/ den Lauff der Ventianischen Handlung zu hemmen/ versehen waren/ ihre Städte nur immerhin ruhig besitzen lassen.

Im Jahr 1242. überschwemmeten die Tartaren unter Regierung des Königs Belæ IV. gantz Ungarn/ und verursachten darinnen durch Morden/ Sengen und Brennen ein allgemeines Land-Verderben/ daß also der König/ damit er diesen reissenden Wölffen nicht in den Rachen gerathen mögte/ samt seiner Familie

milie und Königlichem Schatze in Dalmatien zu entweichen gezwungen wurd. Begab sich also erst nach Spalatro, von dar nach Trau/ und confirmirte diesen beyden Städten ihre Freyheiten und Privilegia. Weil ihm aber der feindliche Schwarm nachgefolgen kam/ konte er daselbst auch nicht sicher seyn. Nachdem er derohalben alle Schiffe von diesen Ufern hatte absegeln lassen/ retirirte er sich nach einer kleinen Insul oder Klippen; Und weil er sich daselbst/ biß dies gefährliche Ungewitter vorbey/ und das feste Land von dieser wütenden Canaille wider erlediget ward/ auffgehalten/ wird selbiger Ort noch heut zu Tage des Königes Klippe genennet. Das Königreich Ungarn aber konte nicht so bald dieser ungebetenen Gäste loß werden/ weßwegen König Béla in Dalmatien seine Residentz behielt. Er suchte zwar beym Pabste und Keyser Hülffe/ aber vergebens/ massen der Pabst zu Avignon selbst in die Enge getrieben/ und das Reich von Friderico II. biß auff des Oestereichischen Hauses Stamm-Vater Rudolphum I. Habsburgicum durch ein langwieriges Interregnum von unterschiedlichen Factionibus, die sich um die Keyserliche Krone bewurben/ und solche wiewol ohne sonderlichem Genuß mit Gewalt an sich rissen/ wunderlich zerrüttet war. Wuste also Bela nirgends als bey denen Tempel-Herren und seiner eigenen Courage Hülffe zu holen/ wodurch er auch erhielte/ daß ihm das zuvor abgünstige Glück wider anlachte/ und er nach glücklicher Außjagung der Tartaren in sein Ungerland wider ziehen konte.

Weil er aber Dalmatien gantz verlassen und das Governo davon den Banis auffgetragen hatte/ geschah es/ daß seine successores, so auf gleiches Credit und gutem Glaubē zu handlen fortfuhren/ in selbigem Reich fast aller ihrer Autorität verlustig wurden/ sintemal die Bani so durch Fahrlässigkeit der Könige niemahls abgewechselt/ noch zur Rechnung gefodert wurden/ sich so mächtig gemacht

macht hatten/daß sie in ihrem eignem
NahmenKriege führten / und alles ei-
gen-herrisch anordneten. Zwar wurde der Ungarischen Könige Titel in öffentlichen Schrifften oben angesetzt / aber
nur pro forma.

Daher ist auch entstanden / daß die
zu Almissa (eine Stadt / so etliche wenig
Meilen von Spalatro nach Morgen hin
liget) ums Jahr 1280. die Profession der
ersten Corsaren von Narenta zu treiben,
und das Meer unsicher zu machen wider
anfingen / auch/ weil ihre Banni mit ihnen durch die Finger sahen/so viel Schaden den Kauffardey-Schiffen zufügten/
daß die Herrschafft Venedig wider sie
die Waffen zu ergreiffen sich endlich genöthiget sahe. Dieser Krieg ist zwar bey
Regierung Ladislai III. Königs in Ungarn vorgegangen/ man lieset aber nirgends / das derselbe sich drein gemenget,
und den Venetianischen Waffen einige
Gegenwehr gethan habe. So viel ist
aber bekand/daß die Generalität gedachter Republic mit dem Bano Paolo di Bre-

bi-

bis/ so damahls ein Mann von grossem Ansehen und Credit war/ wegen eines Friedens gehandelt/ daß die Almissaner hinfüro/ auf Parole besagten Vans/ des Kapereyns müssig gehen würden/ geschlossen. So weit hatte dieser Corsaren Protector es schon gebracht. Hierauf wird etwa ein Mißverständniß zwischen Ihm und der Republic entstanden seyn/ weil diese/ damit sie aller bösen Consequentien vorbauen mögte/ an ihn Gesandten abgefertiget/ welche nicht allein ein gutes Verständnüß wider aufrichteten/ sondern/ weil in ihrem Privilegio befindlich/ daß sie nach ihrem Gefallen einen Grafen erwehlen könten/ die Dalmatier auch beredeten/ daß die Städte/ ob sie schon dem Reiche Ungarn zukämen/ doch aus den Venetianern einen dazu zu nehmen freye Macht hatten. Diese Außlegung gefiel den Dalmatiern treflich wohl/ so die da schon längst verlanget hätten/ einen von den Venetianischen Edelleuten/ welche in Staats- und Regierungs-Sachen am besten geübet seyn

seyn sollen/zu solchem Amt zu erheben. Der Republic war solche Resolution gleichfals angenehm/sintemahl bey Regierung ihrer Creaturen gute Nachbahrschafft gepflogen werden/ und ihre Commercien besser floriren könten.

Demnach nun öffters aus dem Venetianischen Adel Gouverneurs der Dalmatischen See-Städte genommen wurden/ ist dahero bey vielen schlecht belesenen Scribenten der Irthum entstanden/ daß sie darvor gehalten/als wenn selbige Städte den Venetianern vollkömlich wären unterthänig gewesen/da doch insgemein die gesamte Republic auf keinerley Weise etwas drinnen zu befehlen gehabt/ welches daraus klärlich abzunehmen/ weil nicht allein in allen Dalmatischen Schrifften von selbiger Zeit die Könige in Ungarn als Ober-Herren daselbst benennet werden/sondern man auch unter denen Gouverneurs oder Regenten nicht allein Venetianer/ sondern auch viel einheimische und fremde von Ancona, Ravenna, und anderen Italiänischen

nischen Städten zehlet / sintemahl das
Volck nach eignem freyen Willkühr denjenigen / so ihm am besten anstunde / erwehlte / und die Herrschafft von Venedig nimmer einigen Unwillen blicken ließ /
wenn ein anderer / so nicht aus ihrem
Mittel war / zum Regenten angenommen wurde.

Im Jahr 1290. ließ der König in Ungarn / der Venedische Andreas genant /
seine Mutter Thomasinam aus dem
Hochadelichen Geschlechte der Morosi-
ner in Venedig / damit sie seiner Ehre
mit theilhafftig würde / nach Dalmatien
einladen / und sie daselbst mit allen er-
denklichen Ehrbezeigungen aufs aller-
prächtigste / wie eine Königin / einholen.
Die Städte stritten gleichsam in die
Wette / und wolte eine jede so wol mit
demüthiger Dienstleistung / als Darreichung kostbahrer Geschencke ihre Unterthänigkeit am besten darthun. Hiemit aber war der König noch nicht zu
frieden / sondern wolte / vielleicht dem
Bano Paolo di Bribir, der sich fast als
einen

einen Tyrannen über Dalmatien aufgeworffen hatte/ zum Trutz/ seiner Mutter den Titel einer Hertzogin von Slavonien/ und Fürstin über die Meerplätze in Dalmatien/ beylegen. Wie man dann auch nicht lieset/ daß so lang Andreas regieret/ gemeldter Ban einige Gewalt in selbigem Reiche weiters gehabt habe/ sondern es ist dessen Regierung (wie ich aus denen Urkunden des Morosinischen Hauses/ als ich vom Ursprunge aller Adelichen Familien zu Venedig schrieb/ erlernet habe) von Alberto oder Albertino Morosini, als Vicario seiner Schwester/ so/ wie vorberührt/ von ihrem Sohne zur Königin ist gemacht/ verwaltet worden.

Dies wahr zweiffels ohn die Ursache/ daß der Ban Paolo mit dem Carolo Martello, so anfangs des Venetianischen Andreæ Competitor, hernach aber Successor war/ so genaue Freundschafft gepflogen/ daher er den auch/ ob er bey Lebzeiten Andreæ gar nichts in der Regierung zusprechen hatte/ unter König Egil/ und

seinem Sohne Carl Robert in grosses
Ansehen wider gesetzt wurde. Er bekam nicht allein sein Banat wieder/son-
dern noch viel andere höhere Titel darzu/
massen man lieset/ daß er Banus Croatorum, Comes Jadræ, Princeps Dalmatiæ, & secundus Bosinenfis Banus &c.
sey genennet worden. Der absonderliche Titel des Grafen zu Zara könte
leichtlich von der Regenten Charge, so
nur ein Jahr wäret/ verstanden werden/
wenn man nicht versichert wäre/ daß
dieser Ban Paulus sich würcklich eine zeitlang zum Grafen und absoluten Ober-
Herren über Zara durch nachfolgende
Gelegenheit gemacht habe. Es hatte
der berühmte Baiamontes Tiepolus zu
Sebenico, indem er daselbst Præfectus ge-
wesen/ nicht alleine gute Freundschafft
mit dem Bano gepflogen/sondern sich auch
mit der Brebirienser Familie durch Heyrath befreundet / begab sich derhalben/
weil er wegen einer mißlungenen Ver-
richtung sich davon machen muste/ zu
diese seine Verwandten in Dalmatien/
und

und practisirte mit denen / unter der Hand / daß Zara der Herrschafft von Venedig sich entzog / und unter jenes Bani Regirung begab / welches dem Könige Carl Martello, und Carl Robert so wohlgefiel / daß sie den offtgemeldten Paulum wie er in anderen Oertern war / auch zu Zara absolut machten / und also den Titel des Grafens von Zara ihm beylegten.

Er blieb aber / wie gesagt / in öffentlichen Besitz seiner erlangten Würden nicht gar zulange; Denn alß die Venetianer im Jahr 1310. der Stadt mit ernster Belagerung zuzusetzen anfiengen / muste er sein Leben endigen. Sein Sohn Mladinus, so ihm in der Gewalt und Autorität succedirte / ließ zwar geschehen / das sich der Ort unter Venedischer Herrschafft zuergeben / und einen Stadthalter / so vom Hertzog und denen Senatoren außersehen oder confirmiret würde / auff- und anzunehmen sich bequemete; Seine Macht und Ansehen aber / so er in den andern Städten noch hatte / blieb ihm

ihm nichts desto weniger an diesem Orte auch unverrückt/ massen die Venetianer mit ihm/ als der da leichtlich eine gefährliche Revolution hätte anspinnen können/ durch die Finger sehen mußten.

Dieses Mladini unerträglicher Hochmuth aber/ und die Fortsetzung der harten Pressuren/ durch welche sein Vater die Städte außzusaugen pflegte/ war Ursach/ daß seine Autorität in denenselben einen zimlichen Anstoß und endlich gar Schiffbruch erlitte. Denn alß die Stadt Trau kein Mittel noch Wege wuste/ wodurch man den König Carl Robert/ des Bans grausahme Excessen zu hemmen/ hätte bewegen können/ revoltirte sie öffentlich/ und flehete die Venetianer um Hülffe an/ welche auch Succurs-Völcker hinsandten/ und den Ort von der Belägerung des davor postierenden Bans zwar befreyten/ aber ihn nicht völlig unter ihre Herrschafft bekamen; Wie dann auch die Stadt Sebenico gleichfals einige Jahre hernach ihre Zuflucht zu der Republic genommen/ aber derselben nicht gäntzlich unterthänig geworden/ maſſen ſie bey ihrer Ubergab in ihren Capitulations-Puncten das Recht/ ſo die Ungariſchen Könige über ſie hatten/ außdrücklich vorbehielten. Habuerunt Comitem ab ipſis Venetiis, cum pactis ſemper obſervandi honorem Regis Ungariæ, & libertatem Civitatis: Nemlich alle ihre Soubmiſſion beſtunde darinn allein/daß ſie einen zu Venedig ihnen beſtellten Grafen alle zwey Jahre annahmen/ da hingegen die Republic, ſie wieder allen Tyranniſchen Uberlaſt zu ſchützen/ ſich verbunden hatte.

Zwey Jahr hernach/ nemlich Anno 1322. erfolgte die Inhafftierung des Bans Mladini. Denn als er endlich zu bunt machte/ und der Gedult Königs Caroli Roberti mißbrauchte/ kam er ſelbſt in Dalmatien/ ließ auff allgemeine Anklage aller Städte/ Gericht über ihn ergehen/ ihn beym Kopf nehmen/und den ſtoltzen Titel: Princeps Dalmatiæ & Banus Croatorum, womit er ſich breit machte/ ablegen. Alß er aber wider auff freyen Fuß gestellet wurde/ muste er mit dem Titel eines Grafen/ und zimlich beschränckter Macht über einige im Lande gelegne Oerter/ so keine Ombrage verursachen konten/ sich befriedigen/ dahingegen der König seinem eigenem unmittelbahrem Dominio die vornehmsten See-Städte vorbehielt.

Der König Carl schickte aber/ als er das folgende Jahr in Ungarn wider kam/ einen neuen Ban mit Nahmen Nicolaus in Dalmatien/ welcher nicht allein von denen Städten/ so allezeit unter seiner Devotion gestanden/ sondern auch zu Sebenico und Trau/ welche/ wie berührt/ an Venedig sich ergeben hatten/ willig angenommen wurde. Allein/ die Republic gründete sich auff die von ihnen geschehene Ubergabe/ ernennte die General-Provediteurs in Dalmatien/ und ließ Zara/ worüber sie völlig zu gebieten hatte/ mit gemeldten zwo Städten ein absonderliches Bündniß eingehen/ zweiffels ohne damit sie ihre Autorität un-

immer je mehr und mehr darinnen steigern/ und sie endlich zu völligern Gehorsam bringen mögte.

Der Ban Mladinus hatte kaum die Ketten von den Händen abgeschüttelt/ alß er unter blossem Titel eines Grafen zu Clissa, von der Stadt Trau dasjenige/ worzu sie sich Zeit seines noch blühenden Glücks verstehen muste/ ihm wider wolte eingeraümt wissen. Nicolas Venier aber/ der als Stadthalter oder Graf im Nahmen der Republic darin residierte/ wiese ihn mit allerhand schimpflichen Worten/ und trotzigen Bedrohungen/ gleich alß wenn er Souverain daselbsten wäre/ und die Könige in Ungarn die Ober-Herrschafft nicht mehr davon hätten/ nach Hause. Wodurch eine grosse Verbitterung und Mißhelligkeit zwischen den König Carl und den Staat von Venedig anglimmete/ welche hernach in eine öffentliche Kriegs-Flamme bey Regierung Ludovici seines Nachfolgers außbrach.

Das erste Mißverständniß oder Feind

Feindseligkeit blickte hervor/ alß König Carl seinen andern Sohn Andreas nach dem Beylager mit der Cron-Printzessin des Neapolitanischen Königreichs Iohanna accompagnirte. Denn alß er in Dalmatien/ wo der Printz sich zu Schiffe setzen solte/ angekommen war/ hielt er sich zu Modrusch, eine vom Meer entlegene Stadt/ eine Zeitlang auff/ damit er sehen mögte/ was vor Höflichkeit die Städte bey dieser seiner Ankunfft ihm erweisen würden. Es ließ ihn aber keine/ alß das eintzige Spalatro, welches sich in der Venetianer Schutz-Armen ergeben/ und ihren Grafen auch eingenommen hatte/ complimentiren; Weßwegen er auch an selbige Stadt ein gar favorables Rescriptum ergehen liß/ mit dieser Uberschrifft: Fidelibus nostris, Iacobo Gradonico Comiti, Judicibus, Consilio, & Communitati Civitatis Spalatensis. Er wolte aber ihre ubrige Privilegien nicht confirmiren/ weil er ohn allem Zweiffel im Sinne hatte/ sein Ansehen/ wie in dieser/ alß auch in denen an-

dern

deren Städten/ so ihn fast vor ihren Ober-Herren nicht mehr erkandten/ wider empor zu bringen/und das Reich in gleichen Zustand/alß es unter seine Vorfahren gewesen/ bey bequemer Zeit dermahleins zu setzen. Seinen Sohn ließ er also zu Segna, welcher Ort ihm gar nicht verdächtig war/ ins Schiff treten. Im übrigen hatten sich/ seither des Mladini Autorität ziemlich vermindert worden/ schon sechß stoltze Graffen in Croatien/ nemlich zu Knino, Corbavia, Segna, Clissa, Ostrouizza, und Cluci aufgeworffen/ welche ein viel ärgeres und verwegeneres dominat, alß jemahls geschehen/ führeten/ sintemahl sie sich unter einander wegen der Gräntz-scheidung ihrer Iurisdiction bekriegten/ stets eine starcke Militz unterhielten/ und viele andere Excessen kühnlich verübten. Daher geschah es auch/ daß der König Carl/ als er von ihnen weder gehört noch respectirt wurde/ einen grossen Apparat der Waffen verfertigen ließ/ damit er diesen allzuhochfliegenden Vögeln die Schwing-

Federn

Federn ausrupfen/ und diese Tyrannen/ die schuldige Pflicht und Demuth eines Vasallen zu beobachten/ unterrichten mögte.

Sein hiezwischen gekommenes Absterben aber verruckte den Com:paß/ und stellte solch dessein noch ein Zeitlang zurück/ doch unterließ desselben Successor Ludovicus nicht/ solches mit fast noch grösserem Eiffer fortzusetzen; Gestalt er sich in Croatien und Dalmatien mit hundert tausend Reutern/ wie einige Historici zehlen/ begab/ und die hochmüthigen Graffen endlich nöthigte/ daß sie seinem/ als ihres Ober-Herren/ Befehl mit unterthänigstem Respect ihr Thun und Lassen unterwerffen musten. In ihre Festungen legte er von seinen Völkern Besatzung ein. Er fieng zwar auch an/ die Städte Trau, Seberico und Spalatro wider zufodern/ weil sie sich aber auf erhaltene Nachricht von der ingemeinen Kriegs-Zurüstung in Ungarn/ mit allen Nothwendigkeiten wohl versehen hatten/ traff er bey den Venetianischen

I. Historischer Theil.

schen drinnen ligenden Garnisonen so tapfere Gegenwehr an/ daß er die Hofnung solche zuerobern muste fallen lassen. Um selbige Zeit empöreten sich die Bürger von Zara wider ihre Herrschafft von Venedig; und wolten nunmehro dem König Carl unterthänig leben. Dieser ließ solche schöne Gelegenheit nicht entwischen/ sondern bediente sich der Bürgerschafft guter Zuneigung/ und fieng an alsofort die Schlösser/ so um den Ort herum/ die Einwohner desto besser im Zaume zu halten/ von den Venetianer waren auferbauet worden/ mit ernster Belägerung zu beängstigen/ sie wehreten sich aber inwendig so lang/ biß die Venetianische Arme arrivirte/ und sie nicht allein entsetze/ sondern die Stadt auch denen Königlichen Trouppen/ so lauter Reuter/ und dahero zu Verthädigung einer Festung nicht abgerichtet waren/ wider abgewan/ und zu vorigem Gehorsam brachte. Hierauf bekamen die Venetianer wider Lufft/ massen sich König Ludwig resolvirte nach Neapoli-
K 7   li eine

hanna daselbst war/ um den Halß gebracht/gebührender massen rächen mögte. Machte dannenhero mit der Republic auf acht Jahr Stillstand/welcher ihm auch nicht wenig zu gute kam/ massen dadurch seiner Militz/ so ihm Neapolis eroberte/ freye Passage durch den Golfo vergönnet wurde.

Kaum hatte Ludwig diesen Krieg im Neapolitanischen zum Ende gebracht/als bey noch warendem zuvor getroffenem Stillstande/ der bekante Krieg unter denen Republiqven Venedig und Genua/ so von beyden Partheyen mit sehr grossem Eiffer ist fertgesetzet worden/entstande. Jene besorgte sich / die Genueser mögten den König in Ungarn auf ihre Seite bringen/und die Einräumung des Havens Segna von ihm erhalten / wodurch sie den Feind in ihrem eigenem Busen/ so zu reden /hätte hegen müssen/

spedir

I. Historischer Theil. 231

spedirte um deßwillen einige Gesandschafft nach ihm/dessen Meinung hierüber einzuholen. Demnach aber Ludwig mit seinen Gedancken hinter dem Berge hielt/ machten die Venetianer an denen gefährlichsten Oertern alle ersinnliche Anstalten/ schickten einen extraordinair Provediteur dorthin/ schlossen Allianz mit dem König in Rassien/und Boßnien/ liessen die Festungen besser fortificiren/gewannen die Wittwe des letzten Vans Mladini und brachten sie dahin/ daß sie Clissa, Almissa und Scardona, unterm Vorwand/ daß sie solche/biß zu erwachsenen Jahren/ ihrer Söhne beschützen wolten/ ihnen einräumete.

König Ludwig aber war gantz nicht zu frieden/ daß die Herrn Venetianer der Protection besagter Wittwen/ so zumahl keinen Überfall zubesorgen hatte/ sich anmasseten/ und erwehnte drey Plätze/so niemand anders/als Ihn vor ihr Oberhaupt erkennen solten/ unge-

gescheut unter einen so schönen Prætext
einnahmen. Fertigte dannenhero etliche nach Venedig ab/ welche dieser
Städte schleunigste Wiedereinräumung
begehren/ widrigenfalls die Ruptur des
Stillstandes ankündigen solten. Hierauf erbot sich zwar der Rath/ solche wieder abzutreten/ aber mit dergleichen Be-
dingungen/ von denen sie versichert wa-
ren/ daß der König Ludwig nimmer eingehen künte. Wurden also die Still-
stands-Tractaten aufgehoben/ und die
vorigen Feindseligkeiten wider angefangen. König Ludwig überzog alle Staaten der Republic mit Kriege/ gieng durch
Istrien und Friuli, und belagerte Treviso, eine Stadt so wenig Meilen von
der Hauptstadt Venedig gelegen. Pabst
Innocentius VI. legte sich aber ins Mit-
tel/ und verschaffte durch seine vielgül-
tige Mediation, daß ein neues Armisti-
tium aufgerichtet wurde/ damit man inzwischen von einem Friede tractiren mögte. So ruheten zwar die Waffen einige Monat/ als aber die Friedens-Tractaten

taten nicht vor sich gehen wolten/ gediehe es abermahl zum Kriege/ da dann die Städte Spalatro und Trau, weil täglich ihr Gebiete je mehr und mehr verheeret wurde/ von sich selbst/ dem Könige sich zu ergeben/ schlüssig wurden. Welches zu bewerckstelligen/ armirten sich die Bürger heimlich/ sperreten ihre Obrigkeit und die Venetianische Soldaten in den Kirchen ein/ und schwuren/ als sie die Thore der Stadt des Ludovici Trouppen aufgemacht hatten/ dem Könige den Eyd der Treue.

Weil nun die Venetianer an unterschiedlichen Orten bißhero viel verloren hatten/ waren ihre Kräffte zimlich abgemattet/ erboten sich dannenhero offtgemeldtem Könige auch die Stadt Zara selbst/ und was ihnen in Dalmatien noch übrig/ doch mit einigen Conditionen einzuräumen. Weil aber der König drauf bestunde/ daß es sein altväterliches Gut und also mit höchster Unbilligkeit in frembde Hände gerathen wäre/ verlangte er solches auch nicht anders/ als frey und unumuneinmschränckt zu haben. Continuirten also die vorige Feindseligkeiten/ und weil ihnen die Stadt Sebenico nicht länger wiederstehen konte/ folgte sie das Exempel der Stadt Trau und Spalatro, und ergab sich dem Könige/ desgleichen thaten die aus Brazza einer Stadt/ so auf einer Insul gleiches Nahmens liget. Die Bürger zu Lessina, gleichenfals eine Stadt auf der nahbey gelegenen Insul/ wurden mit gewaffneter Hand genöthigt/ sich von Könige Gesetze vorschreiben zulassen/ daß also nur Zara und Nona noch übrig war. Als aber dieselbige mit gewaltsamer Belagerung auch angetastet wurden/ depeschirten die Venetianer eine Gesandschafft nach dem Könige/ und resignirten gegen Restitution der Stadt Treviso allem ihrem Recht/ und allem Ansprüchen so sie auf einige Weise vom Qvarner an biß an Durazzo so wohl auf denen Insulen als dem festen Lande / in Dalmatien jemahls mahls gehabt hätten/ oder noch haben kön-

könten/versprachen auch/ daß sie keine Grafen oder Regenten auß ihrem Mittel denen Dalmatischen Städten/wenn sie schon von ihnen solte erwehlet werden/ wolten abfolgen lassen.

Nachdem also im Jahr C. 1358. erzehlter massen Friede gemachet worden/ kam König Ludwig herein/ sein völlig erlangtes Reich in Augenschein zunehmen/ und weil durch vorige Regierungs-Art und Langwirigkeit des Krieges viele Mißbräuche und Unordnungen eingeschlichen waren/ machte er selbst/ massen er die Jura trefflich verstunde/ viel heilsame Gesetze und Statuta, so er in Dalmatien durchgehends/ daß die Städte auf einerley Weise hinfüro mögten regieret werden/ publiciren ließ. Damit sie aber von frembder Gewaltthätigkeit ungekräncket blieben/ wurden Schiffe gebauet/ und zu derselben Außrüstung in Trau ein Zeug-Hauß aufgerichtet. Der König bestellte auch schon einen Admiral über die

die Flotte/ so er in See gehen zu lassen willens war/ und gab ihm den Ti[tul]
und die Einkünffte der zwo Insulen L[e-]
sina und Brazza. Von dar begab [er]
sich mit seiner Armee zum König in Ra[s-]
sta/ nicht allein sich zu revangiren/ da[ß]
derselbe wider ihn mit den Venetianer[n]
als seinen damahligen Feinden/ ei[n]
Bündniß getroffen hatte/ sondern auch
dem Pabste/ welcher den Sauerteig d[er]
Ketzerey aus selbigem Reiche mit G[e-]
walt wolte ausgefegt wissen/ einen gefäl[-]
ligen Dienst zu erweisen. Der in Ras-
sta befand sich aber nicht in dem Zustan-
de/ daß er dem überall siegendem Arme des großmüthigen Ludwigs sich hätte wiedersetzen dörffen/ retirirte sich derohalben bey desselben Ankunfft mit seinen kostbahrsten Sachen in die näheste
Boscagen. Entgieng also dem Könige
die verlangte Gelegenheit/ sich mit ihm zu
schlagen. Derohalben/ als er das Land
gnugsam verdorben/ und sich nebst den
Seinigen mit schöner Beute überflüssig
berei-

ereichert hatte/ nahm er den Weg wieder nach Ungarn.

Wenige Zeit hernach nemlich im Jahr C. 1361. alliirte sich Venedig mit dem Könige in **Zypern** und den Rittern von Jerusalem/ welches dem Könige Ludwig einige Ombrage machte/ massen er vermeinte/ es würde Dalmatien gelten/Ließ zu dem Ende die Besatzungen verdoppeln/ und die Plätze auffs neu fortificiren. Was aber die Zurüstung zur See/ und das Vornehmen/ ein Arsenal, so darzu höchst nötig war/ aufzurichten anlanget/ konte solches weder damahls/ noch hernach bewerckstelliget werden/ weil König Ludwig in unterschiedlichen Kriegs-Händeln/ so ihm die Geld-Mittel/ alß welche Nervus belli seyn/ wegfrassen/ damahls ist beschafftiget gewesen. Es gieng aber nichts neues/ wie er wol hatte gemuthmasset/ an Seiten der Venetianer vor/ ja vielmehr/ alß Ludwig mit dem Iohanne Palæologo, wider den Ertz- und Erbfeind Christlichen Nahmens/ den Türcken/

zu streiten sich verbunden hatte/ waren sie so genereux, daß sie ihm fünff Galeren überliessen/ welche aber von ihrer nach Levante vorgehabten Reise wegen entstandener Zwistigkeit zwischen König Ludwig/ und dem Griechischen Keyser/ wie auch die Könige der Bulgaren und Rassien/ unter denen ein Zwispalt in der Reltgion vorgieng/ zurück gehalten wurden. Bey so gestalten Conjuncturen nahm Ludwig das Tempo in acht/ und brachte es dahin/ daß die von der Stadt Cattaro, so bey einem Golfo gleiches Nahmens liget/ ihrem Könige in Rassien allen Gehorsam aufkündigten/ und ihm hergegen unverrückte Treue/ alß Unterthanen gebühret/ zu leisten schwuren

Alß nun hernach der König in Ungarn auch zum Könige in Polen erwehlt wurde/ genoß Dalmatien einige Jahre eines vollkommenen und ungestörten Friedens. Denn weil nun seine Macht und Autorität um ein mercklliches zugewonnnen/ scheueten sich diejenigen/ so etwas

I. Historischer Theil

was wider ihm hatten/ sich an ihm zu reiben. Zudem so hatte auch die Signorie von Venedig mit dem Kriege wider die Herren von Carrara so viel zu thun/ daß sie weder Zeit noch Mittel etwas wider ihnen zu tentiren finden konte: Um selbige Zeit hat die Regierung des Reichs Ungarn und Dalmatien bey des Ludwigs Königlicher Frau-Mutter gestanden/da zu bestimmter Zeit ein Bischof von Nitria, mit einem Grafen in Dalmatien/ daselbst das hohe Gericht zu halten/ abgesandt wurde. Im Jahr C. 1373. hatte der König mit dem Herren von Padua eine Allianz getroffen/und demselbē einige Ungarische trouppen/ solche im Kriege wider den Staat von Venedig zu gebrauchen/übersandt/ weil aber solches die Venetianer ibel aufnahmen/und Mine machten/ alß wenn sie in Dalmatien einen feindlichen Einfall versuchen wolten/ schickte Ludwig seinen Herren Vetter den Hertzog von Durazzo, so er damahls bey sich hatte/ nicht allein mit den Titel sondern auch mit der Gewalt eines Hertzogs in besagte Provintz/ dieselbige vor der bevorstehenden Gefahr zu beschützen.

Die Gesandten aber/ so die Republic in Ungarn abgefertiget hatte/ renovierten das gute Vernehmen/ und brachten es dahin/ daß der König sein Volck auß der Treviser Marck zurück ruffen ließ. Alß aber der Hertzog von Durazzo, welcher in Zara/ als dem fürnehmsten Ort in der seiner Auffsicht anvertraueten Provintz residierte, in Apulien wegen des Neapolitanischen Königreichs/ dessen er sich endlich durch Hülff seines Oheims bemächtigte/ wider gieng/ und Ludwig bey außbrechender neuer Krieges-Flammen unter denen Republiqven Genua und Venedig/ sich mit jener verbunden hatte/ haben die Venetianer nicht allein Cattaro weggenommen/ und Sebenico eingeäschert/ sondern auch die Königlichen Trouppen/ so mit dem Genueyschen sich conjungirt hatten/ in dem Haven bey Trau bey nahe aufgerieben. Das Glück aber zeigte ihnen wider bald den Rücken/ denn als sie Chiozza

I. Historischer Theil.

zu schützen ihre Kräffte anspannen mußten/ bemeisterte sich Ludwig des verlornen wider/ und brachte mit dieser letzten Action/ so er in seinem Leben verrichtet/ den Frieden zu Wege/ allermassen ihn der Todt im Jahr C. 1382. nachdem er der Königreiche Regierung seiner Gemahlin Elisabeth/ und die Succession in dieselbige seiner Printzessin Maria übergelassen hatte/ unter die Zahl seiner besiegten brachte.

Hierauf machte Elisabeth Stephanum/ so vorhero Waiwode in Siebenbürgen war/ zum Ban über Croatien und Dalmatien/ zog aber dadurch dem Reiche viele Zerrüttungen/ und sich selbsten endlich den Todt über den Halß. Denn weil sein Ansehen und die zuvor ihm gegebene Gewalt in etwas verringert ward/ befand er sich über die massen disgustirt, conspirirte deßwegen mit dem Groß-Prior von Ayrana, weil ihm auch solche Festung die Königin wegen Verdacht der Untreu genomen hatte/ schmidete mit demselben allerhand Projecta wie man die Ungarische Cron dem König Carl in Neapolis zuschantzen mögte/ brachte auch endlich viel andere ohne dem schwürige Unterthanen auff gleiche Gedancken/ und war also nebst diesen Malcontenten Ursach an allen denen Tragödien/ so in diesem unglücklichen Reiche erfolgeten. Es hatten nemlich diese Auffrührer durch Hülffe des Bischofs von Zagabria den itzt erwehnten König Carl/in Ungarn komen/ und ihn daselbst der Mariæ zum Nachtheil/ zum Könige sich öffentlich auffwerffen lassen. Es veränderte sich aber bald die allgemeine Zuneigung/ wie beym unbeständigen Pöbel zu geschehen pfleget/ in einen ungemeinen Haß/ der durch nichts als dieses neuen Königs Blut konte ausgelöschet werden. Auf was Weise er aber sey massacriret worden/ habe mit mehrererm in einer kurtzen Geschicht-Beschreibung über Ungarn dem curieusen Leser dargestellet. Also schätzte die Königin/ sie wäre numehro aufm Throne durch dieses ihres Corrivalis

Tod

I. Historischer Theil. 243

Todt zimlich befestiget/ that derohalben einen Tour in die Provintzen/ und ließ sich von denenselben den Huldigungs-Eyd ablegen. Als sie aber in Dalmatien ankam/ gerieth sie gedachtem Ban in die Hände/ welcher zwar seinen Groll biß dato nicht hatte blicken lassen/ bey dieser Gelegenheit Sie doch verarrestiren/ ihre Königliche Frau Mutter aber die Elisabeth/ welcher er seine Erniedrigung hauptsächlich zuschrieb/ mit Gewalt zu Novigrad bey Zara ins Gefängniß legen/ und/ was das grausamste war/ Sie in einem ledern Sack eingenehet gleich einer Vater-Mörderin/ im Wasser ersticken ließ.

Die Königin Maria aber blieb nicht lang in ihrem Gefängniß sitzen/ massen aus Böhmen des entsetzten Keysers Wenceslai Bruder Sigismund Graf von Luxembourg/ mit dem sie verlobet war/ ankam/ der sie dann nicht allein auf freyem Fuß wider stellte/ sondern auch Anstalt machte/ solche verübte Boßheit/ und schimpfliche (Gewaltthätigtigkeit/ so in ihrer Person allen Regenten wäre zugefügt worden/ gebührend abzustraffen. Belagerte dannenhero die Festung Avrana, worin der Ban/ der Groß-Prior/ und andere Rädelsführer der Malcontenten zu ihrer Defension sich verstecket hatten. Weil aber der Ort treflich befestiget war/ und Sigismund seiner Braut/ die länger in Dalmatien sich aufzuhalten kein Belieben trug/ zu gefallen in Ungarn mit ihr zog/ und sein Kriegs-Heer unerfahrnen Generals zu commandiren anvertraute/ wars denen Rebellen leicht/ mit Stephano Tuartko König in Rassien und Bosnia, einen Bund zu treffen. Diesem war nun nichts liebers als im trüben Wasser zu fischen/ nahm sich derohalben dieser Rebellen mit allen Ernst an/ und brachte mit Beyhülffe derselben/ Clissa, Almissa und Cataro davon; schlug auch des Sigismundi Völcker/ und verheerete das gantze Land. Weswegen sich Spalatro, Trau, und Sebenico ingleichen die Insulen Lesina und Brazze,

:a, damit seine Mord-Hand sie auch nicht treffen mögte/ ihm willig ergaben. Es verblieben aber diese Oerter nicht lange in Raßischen Händen/ allermassen der König Stephanus das folgende Jahr darauf diese Eitelkeit gesegnete/ und den Dabisciam, so von geringem Stand und Verstande war/ zum Erb-folger hatte/ daß also Sigismund in Dalmatien mit verstärckter Macht wider zurücken sich getrauete/ dessen er auch samt denen Haupt-Rebellen/ dem Groß-Prior von Avrana, und dem Ban/ sich bemächtigte. Jener muste in stets-wärendem Gehorsahm gefangen bleiben/ diesem ließ er aber den Kopf vor die Füsse legen. Er war zwar willens/ vollends an dem Raßischen Könige/ wie er schon angefangen/ sich zu rächen/ demnach aber Bajazeth der Türckische Groß-Sultan etliche Plätze in Ungarn schon unter sein Joch gebracht hatte/ befand er sich genöthiget/ Dabisciam seines Arrestes zuentbinden/ jedoch mit dem Beding/ daß wie er selbst an seiner

Seite also auch er dem hochmüthigen Thracier möglichsten Abbruch zu thun sich bemühen solte.

Die erbärmliche Niederlage aber/ so wegen allzu grosser und unbedachtsamer Hitze der Frantzösischen Auxiliar-Völcker Sigismund in Jahr C. 1393. bey Nicopoli in der Bulgarey erleiden muste/ zwang ihn/ nach Constantinopel sich zu retirieren. Indem er aber widerkam/ seine Sachen in vorigen Stand zu bringen/ zugleich den Krieg wider Bajazeth fortzusetzen/ pressete er mit aller Schärffe seinen Unterthanen überaus grosse Geld-Summen aus/ lud dadurch den allgemeinen Haß der Stände auff sich/ so gar/ das sie Ladislaum den Sohn des Königs Caroli zu Neapels/ welcher in Ungarn zu den Zeiten der Königin Elisabeth entleibt wurde/ zur Cron berieffen/ Sigismund aber im Gefängniß sein Qvartier gaben. Indessen vereinigte sich Ostoia, so dem Dabiscia im Königreich Rassien succedirt, mit jener aufrührischen Rotte/ sandte derselben Auxiliar-

Völ-

Völcker auff Einreden des Grafen Ervoya seines Bans/ der im Anfang auf des Ladislai Seiten war/ und von ihm/ weil er so viel Städte in desselben Gewalt gebracht hatte/ bey seiner Ankunfft in Dalmatien den Titel eines Hertzogs zu Spalatro und der beygelegenen Insulen erhielte/ auch zum Vicere, als Ladislaß sich Italien wider begab/ gemacht wurde.

Wenige Zeit darauf wurde dem Sigismund das Gefängnis wider eröffnet/ da sich dann aufs neu das günstige Glück mit seiner heroischen Tapferkeit versöhnte/ dergestalt/ daß er Ungarn sich wider bemächtigen konte. Wie hartneckigt aber und tollkühn die Rebellen in ihren ersten Anschlägen zu seyn pflegen/ so veränderlich und schmeidig werden sie aufs letzte/ bevorab wenn die geringste Veränderung zwischen ihnen entstehet. Auff gleiche Weise lieff es mit dieser Rebellion auch ab. Diejenigen Magnaten/ so sich am hefftigsten ihm widersetzt/ und allerhand Hertzeleid zugefügt hatten/ caressirten ihn hernach am meisten/ und stritten gleichsam unter sich/ wer Ihn mit unterthäniger Ehrerbietung zu erst entgegen kommen solte. Unter denen war der vorgesagte Ban nicht der letzte/ derhalben er auch in seinem Ansehen/ und Hertzogthum Spalatro ruhig sitzen blieb. Die Furcht vor das steigende Glück des Sigismundi war es/ so ihn zu dieser Erkäntniß und Soubmission brachte/ wiewol dies noch darzu kam/ daß Ladislaus, indem er neue Ministros in Dalmatien/ des Besitzes davon sich zuversichern/ abgesandt hatte/ an seiner Treue zu zweiffeln/ und also seine Autorität um ein mercksliches zu umschrencken anfieng.

Nachdem also dieser Ban sich wider in Königes Sigismundi Protection begeben/ brachte er auch zu Wege/ daß alle Städte (Zqra / da Ladislaus sich zum Könige in Ungarn hatte krönen lassen/ und welche er mit Neapolitanischer Besatzung überflüssig verwahrt hatte/ außgenommen) seinem neuen Herren wider fußfällig wurden/ Er wolte aber bey dieſer Probe von ſeiner Treue es nicht bewenden laſſen/ ſondern ſich noch beſſer verdient machen/ und erhielte auf ſein bitliches Anſuchen/ Urlaub wider Oſtoyam zu agiren. Dieſen hatte zwar Sigismundus, zur Straff/ daß er ſich an Ladislaum gehencket/ und wider ihn hatte brauchen laſſen/ verbanniſiert/ und an ſeine Stelle in Boſſina und Raſſia den Tuartko geſetzt/ doch gab er ſich noch wie zuvor/ vor einen König aus/ und unterhielt eine dem König Sigismundo höchſtſchädliche Faction in jenem Lande. Nun giengen zwiſchen ihm und vorgemeldten Ban viel blutige Kriege vor/ Oſtoya zog aber endlich den kürtzern/ und lieff zum Türkiſchē Bajazeth über/ daß derſelbe ihn vor fernerem Uberfall ſeiner Feinde ſchützen wolte/ wodurch auch geſchah/ daß derſelbe Tyran einen Fuß in ſelbiges Reich bekam.

Dieſes Triumphes halber kam der Ban beym Sigismund in die höchſte Gnade/ wurd aber deßwegen von den andern Hoff-Bedienten aufs euſſerſ-

(wie solches einem/ deins Glücke wol
wil/ bevorab/ wenn er stoltz/ wie dieser/
dabey ist/ nicht aussenbleibt) beneidet/
und fiel durch derselben Anstifftung beym
Könige in die grosseste Ungnade. Alldieweilen aber sein genereuses Gemüth
solches nicht verschmertzen konte/ setzte er
Reputation und Religion bey Seite/ und
fieng gleichfals an mit des Bajazeths
Ministres heimlich Consilia zu pflegen.
So bald dem Sigismund solches zu Ohren kommen/ entsetzt er ihn seiner ihm
aufgetragenē Stadthalterschafften/ja es
hätte auch diesem rebellierendem Verrä-
ther ohnfehlbahr seinen besten Halß ge-
kostet/wenn er solcher verdienten und ihm
schon zugedachten Straff nicht durch
zeitliche Flucht entrunnen wäre.

 Sigismund war indessen denen Tür-
cken/ so durch Bosnien auf Anreitzen des
revoltirenden Bans auch schon in Croatien eindringen wolten/ gebührenden
Wiederstand zuthun im Wercke begriffen. Nun hatte er zuvor den Venetianer den Krieg ankündigen lassen/we-
gen

gen den Besitz der Stadt Zara, so ihnen Ladislaus König zu Neapolis, nachdem er gesehen, daß die Macht derjenigen, so ihn zur Ungarischen Cron beruffen, sich nicht mehr so weit wie vorhero erstreckte, gegen Erlegung der Summa von 100. tausend Scudi (deren eins 32 und ein halben Groschen gilt) eingeräumet; Wegen dieses Türcken-Krieges aber muste Sigismundus nolens volens mit der Republic Friede machen, welche daher ihre erworbene Städte, zugleich die Insulen Cherso, Ossero, und Arbe, so sich willig ergeben hatten, nicht allein in Ruhe behalten, sondern auch bey damahligen Troublen dem aufrührischen Ban Ostrovizza, und Scardona abhandeln konten. Zu gleicher Zeit nahmen noch einige andere Oerter zu den Schutz-Armen der Venetianer unterthänigste Zuflucht, massen sie ohne dem den herumb streiffenden Ottomännern, welche das übrige des Griechischen Reichs vollends zuverschlingen gedachten, in den Rachen gerathen wären.

L 4 Hier

Hierauff sandte die Republic vier Provediteurs welche um Vertheidigung und Erhaltung der eroberten Oerter sich bemühen solten/ mit einer considerablen Flotte zu Versicherung des Meers/ nach Dalmatien und Levante. Als nun ein jeder von denenselben ihre angewiesene Posten bezogen/ empörete sich das Volck zu Sebenico wider ihre Patricios, und vertriebe dieselbe alle aus der Stadt. Sigismund straffte die Vornehmsten von selbigen Auffrührern/ und wolte/ damit er die Stadt in Zaum halten möglich/ eine Citadelle daselbst anlegen; der Bürgerschafft wolte aber solch Verfahren gar nicht gefallen/ liessen derhalben Venedische Besatzung ein/ und schwur denen Provediteurs, daß sie ihrer Signorie mit unterrückter Treu als gehorsame Unterthanen zugethan verbleiben wolte.

Und weil über dieses der mit der Republic aussich auffgerichtete Stillstand zu gleicher Zeit exspirirte/ begab sich Sigismundus wieder sie auffs neue in Harnisch/ und

I. Historischer Theil.   253

und ließ einige Mannschafft/ Zara und Sebenico wider zu gewinnen/ in Dalmatien gehen. Die Venetianer aber/ so unter Direction des stets-siegenden Antonii Loredani sich tapfer hielten/ behaupteten nicht allein die Posseß der zwo Städte/ sondern erweiterten auch ihre Herrschafft/ in dem sie der Insulen Brazza, Faro, und Curzola sich bemächtigten. Trau wurde durch harte Belägerung zur Ubergab gezwungen. Die Städte Spalatro und Cattar erschracken vor der siegenden Venetianer ungemeines Glück/ und ergaben sich ihnen ohne Zwang. Die übrigen See-Städte alle folgeten dieser Exempel nach/ und bewiesen sich willig unter Venetianischer Herrschafft sich zubegeben. Das eintzige Ragus/ und die Insul Veglia, blieben dem Sigismundo beständig.

Der Graff von Zenta, welcher einen Strich in der Gegend bey Cataro beherrschete/ unterstunde sich dieses Ortes zubemeistern/ wodurch Loredanus, mit seinen Galeren/ so er durch den Fluß
Boiane

Bojana schiffen ließ / ihn auffzusuchen bewogen wurd/ und weil er so viel Unkosten auff diese Reise gewandt hatte / war ihm nicht genug / daß er den Grafen in einem Treffen völlig überwand/ sondern er belagerte auch alle demselben zugehörige See-Städte/ als Antivar/ Dulcigno und Alessio, hatte auch das Glück/ solche unter die Zahl der Venetianischen Städte in Dalmatien zubringen. Aus welchen die schöne Kette der Venedischen Macht / wodurch selbige Republic zur See so redoutable geworden/ gleichsam ist zusamen geschmiedet worden.

Dem Sigismundo wolte es also in Dalmatien nicht glücken/ massen er darin so viel verlohren/ daß er unkräftig war sich wieder in gute Postur zu setzen/ bevorab da seine Soldatesca gantz zertheilt/ und in unterschiedlichen Kriegen beschäfftiget war / weil er in Ungarn/ Ketzer / und in Böhmen / Rebellen zu bändigen hatte. Zudem lag ihm auch die Sorge und Aufsicht des Römischen

schen Reichs auf dem Halse/daß er also
der Dalmatischen Städte Ubergabe an
Venedig in der Stille mit schelen Augen zusehen/ und einen Stillstand der
Waffen mit der Republic unvermerckt
oder tacitè eingehen muste/ massen er
vor seinem Tode keinen außdrücklichen
Frieden mit ihr geschlossen. Die An-
foderung auff dies Reich überließ er im
Jahr C. 1437. seinem Eydam Alberto II.
Hertzogen von Oesterreich/ welcher nicht
viel über ein Jahr in Ungarn dem Regiment vorgestanden/ und gar nichts
veränderliches in Dalmatien angefangen. Das Ubrige davon/ so Albertus
noch innen gehabt/ ward bey seinem Leben von einem Ban/den Grafen von
Cilia verwaltet. Derselbe brachte zu
Wege/ daß solche seine Charge auf seine
Erben erblich heimfiel/dergestalt daß dieselbige solcher auch so lang genossen und
vorgestanden/ biß der regiersüchtige
Thracier (wie schon droben erzehlt worden) über Bosnien den Meister spielte/
und zugleich alles dasjenige/worüber die
Cron

Cron Ungarn in Dalmatien noch zubefehlen hatte/ mit seinen raüberischen Klauen wegrisse.

Im Anderen Theil dieses Tractätgens wird noch eine Nachricht vom unterschiedlichen Zustande etlicher anderen Städte beygefüget werden/ sintemahl noch ihrer viele durch Fahrläßigkeit der folgenden Könige einigen Privat-Herren in die Hände sind gerathen/ welche an statt/ daß sie unter Oberherrschafft eines gewaltigen Königes fein vereiniget hätten bleiben/ und mit gesammter Macht dem Groß-Türcken/ so eine Provintz nach der andern unter sein Tyrannisches Joch zuziehen anfieng/ die Spitze hätten bieten sollen / vom Zunder eines lachens-würdigen Ehr-Geitzes angeflammt/ lieber über kleine Stückgen Lands Souveraine und Eigen-Herren seyn/ und also mit hohen Titeln prangen wolten. Wodurch sich aber diese guten Leute den Weg zu ihrem eigenem Untergang selbst bahnten. Es verfieng bey ihnen weniger denn nichts die Vorstellung

tellung des Exempels ihrer benachbahr-en Griechen; die hatten auch wegen Un-einigkeit der Fürsten ihre Monarchie zertheilet/ und weil die schwächste Par-they unter ihnen immerhin bey den Tür-ckischen Sultanen Schutz suchte/ beka-men diese nicht alleine freyen Einzug in die Provintzen/ sondern machten auch ihre aufgenommene Clienten zu Sla-ven/ ja vertrieben sie endlich gar von Hauß und Hoff. Dies geschah zwar gleich anfangs in diesem Reiche nicht/ doch konte ein jeder auß der Politick leicht absehen/ daß man mit vorgemeld-ten Herren auff gleiche Weise verfah-ren würde/ wie auch würcklich mit et-lichen erfolgte. Wodurch sich aber die anderen noch nicht rathen liessen/ ohne daß etliche/ aus dringender eussersten Noth den Schluß endlich fasseten/ in die mächtigen Schutz-Armen der König-lichen Republic Venedig/ wie hernach soll angeführt werden/ sich mit gebüh-render Unterthänigkeit zu begeben.

ENDE des I. Theils.

De

Der Vorstellung
des uralten König-Reiches
DALMATIEN
II. Geographischer Theil,
enthaltend

Die Nahmen und Lagerstellen der Dalmatischen Städte und Insulen/ derselben Herrschafft und Einwohner/ wie auch alle in denen Städten von uralten biß auf unsere Zeiten vorgegangene merckwürdige Zufälle und Geschichte.

Damit dasjenige/ so im Ersten Theil dieses Wercklein ist abgehandelt worden/ desto besser vom Geneigten Leser möge verstanden werden/ habe diesen anderen Geographischen

phischen Theil/ alß eine deutliche Erklärung des Ersten/ beyfügen/ und darin die vornehmsten Oerter in Dalmatien/ so wol diejenigen/ so Christliche Potentaten in ihrer Devotion biß dato gehabt/ alß auch die/ so durch Macht ihrer glücklichen Wafen auß den Klauen des nunmehro halb zahmen Türkischen Raub-Vogels bald könten gerissen werden/ vor Augen stellen wollen. Ich habe mich nicht sonderlich bemüht alle Specialia vorzubringen/ alß nur hauptsächlich von derselben unterschiedlichen Herrschafften zuhandlen/ und vermeine damit der allgemeinen curieusität ein Genügen zu thun. Das Clima, oder die Beschaffenheit der Lufft und des Erdreichs ist in Dalmatien nicht das beste noch allzu glücklich. Doch haben sie überaus schöne und gesunde Weiden/ worin die Schaffe zweymahl im Jahr werffen/ und die Einwohner des Reichs unzehlig viel Heerd-Vieh erziehen und fett machen können. Sonsten finden sich keine sonderliche Seltenheiten drinnen

nen so erzehlens-würdig sind. Dies muß ich aber/ ehe ich vollends zu dieser vorgenommenen Geographischen Relation schreite/ nicht unerinnert lassen/ daß/ wie ich nichts ohne Autorität und Zeugniß der aller bewehrtesten Erdbeschreiber vorbringe/ ich zu etwa einer anderen Beweisung nicht wil gehalten seyn/ massen mir nicht unbewust ist/ wie schwer es sey/ die gewissen situationes der Oerter von denen mannigfaltigen und unordentlichen Lagerstellen auf denen Land-Carten zu unterscheiden/ und die wahrhaffte Erzehlung vor denen wegen Partheiligkeit oder Unwissenheit der Scribenten unwahren Relation zu erwehlen.

Das I. Capitel

von der

Morlachey und denen Ihrer Keys. Maj. so wohl/ als der Republic Venedig in Dalmatien zugehörigen Städten.

Die

Die MORLACHEJ

ist eine kleine Provintz zwischen Jster-Reich und Dalmatien/ die erste/ so auff jenseit der Italiänischen Gräntzen befindlich; und ist ein Theil vom heutigen Croatien/ und alten Liburnien. Hierdurch bekom ich auch Anlaß etwas von etlichen See-Städten zu berichten/ welche/ ob sie wohl im Staat von Venedig eingeschlossen/ doch das Scepter der Oestereichischen Regenten anbeten.

Die Einwohner dieser Provintz werden von ihrer schwartzen Haut Morou-lachi oder **Morlacken** genennt/ welches in Slavonischer Sprach so viel als **Schwartz-Häutte** bedeutet. Ihren Ursprung belangend/ so sind sie/ wie etliche schreiben/ von einer Anzahl auß angräntzenden Landschafften ins Elend vertriebenen Leuten/ die sich an diesem beynahe gantz unfruchtbaren/ und gantz bergichten Ort häußlich nieder gelassen/ entsprossen/ uñ weil sie niemand zu Vasallen gemacht/ habe sie solches als ihr eigenthumthümliches eine Zeitlang gantz souverain besessen/ und sich darauff verlassen/daß ihr eingenommener Strich Landes von Natur fest/ und von so vielen ungeheuren Felsen und Stein-Klippen sattsam bedecket war. Seithero aber der Türck eines guten Theils von Croatien sich bemächtiget/ hat er auch diesen Leuten sein Joch auffeilen wollen/ und zu dem End einen Bassen oder Sangiaken nicht weit von ihnen/ zu Lika gesetzt/ der den Tribut und unterthänigen Gehorsam von ihren dortherumligenden Dörffern einfodern solte.

Nun haben zwar die Morlacken/ so lang die höchste Noth/ und die unangefochtene Tyranney der Türcken ihnen auf den Halß lag/ der Pforten einige Recognition durch Uberreichung des eingegangenen Tributs erwiesen; So bald aber der glorwürdigste Keyser LEOPOLD in Croatien/ und die Königliche Republic Venedig in Dalmatien/ wider diesen allgemeinen Feind der Christenheit Kriege

Kriege zu führen angefangen/ haben diese Morlacken/ weil sie der Türckischen Bottmässigkeit überdrüssig waren/ derselben sich entzogen/ und ihre Kräffte angespannt/ dem Türcken allen erdencklichen Abbruch zu thun/ und sein blutgieriges Dessein, so viel möglich/ zu hintertreiben/ zu dem Ende auß ihren Leuten grosse Squadronen starcker Combattanten/ so in resolvierter Tapferkeit und unerschrockenem Muth keiner Nation was nachgeben/ zusammen gebracht/ und zum Dienst der Krieg und siegenden Christen aufgeopfert/ ja auß freyen Stücken unter Anführung ihrer eigenen Generalen (von denen/ Stojanes, Jacovitis und Bartolocitius in diesen letzten Kriegen ihre Tapferkeit berühmt gemacht) dem Feind in unterschiedlichen Theilen seines Gebietes manche verdrießliche diversion und bey denen benachbahrten Ungläubigen stetswärendes Schrecken durch ihre streiffende visiten und unvermuthete Einfälle verursachet. Es haben aber die Türcken diese schädlichen Feinde

durch

durch Aufbürdung allzustrenger Dienstbarkeit und Abpressung fast unerträglicher Contributionen sich selbst über den Halß gezogen. Denn alß vor ungefehr zwey Jahren 2000. Türcken den Tribut von ihnen zu erzwingen/ herangerückt/ haben sie denselben zureichen sich nicht allein geweigert/ sondern auch so desperat wider diese Executanten gefochten/ daß sie 70. von der Ihrigen Köpfe samt vielen Gefangnen und nicht geringer Beute hinterlassen/ und also an Statt des Tributs Stösse nach Hause bringen musten. Von diesen glücklichen Streich gaben sie dem Herren Morosini schleunige Nachricht/ mit Begehren/ daß man ihre Weiber/ Kinder und Mobilien in sichere Insulen/ Zephalonia oder Zaginthia bringen und ihnen nothwendiges Gewehr und Kriegs-ammunition, weil sie wider den Erbfeind zu streiten willens wären/ ubersenden mögte. Alß nun solches auch erfolgte/ konten die Türckischen Statisten unschwer absehen/ daß diese Leute ins künfftige ihnen

ihnen grossen Schaden zufügen würden und mit Gewalt nicht leichlich zubezwingen wären/ deßwegen muste der Bassa von Bosnien aufs emsigste sich bemühen/ ob er durch allerhand Liebkosungen/und vortheilhafftige Vorschläge die sich empörende Morlacken noch wider besänfftigen/und zu vorigem Gehorsam bringen mögte. Allein er traf taube Ohren/und keinen Credit mehr bey ihnen an/absonderlich da der itzige Pabst Innocentius XI. auff erhaltene Nachricht von der Morlacken Treu und derselben glücklichen Verrichtungen/ damit sie bey solchen Gedancken bleiben/und zu fernerem Wohlverhalten mögten aufgemuntert werden/ auß rühmlicher Mildigkeit auch ihnen eine ansehnliche Summe Geldes außzahlen ließ. Daher man auch fast in allen Post-Zeitungen von ihrem treuen Beystand zu rühmen weiß/ sintemahl sie Maydan in Bosnien/ und viel andere Städte und Dörffer den Türcken zum höchsten Nachtheil eingeäschert/ unerachtet der rauhen Winterzeit in das

Türckische unversehne Einfälle gethan/ grosse Beute erjagt/ viel Christen von den Fesseln erlöset/ und sonsten denen Türcken im Felde mit listiger Sperrung der Pässe/ und allen erdencklichen Hostilitäten unsäglichen Abbruch gethan/ den Venetianern hergegen/ alß treue Schirm-Verwandte grossen Vortheil verschaffet.

Der Morlacken Landschafft bestehet in einigen wolbewohnten Thälern/ welche zwischen ein Hauffen Berge ligen/ so die Alten/ wie es scheint/ unter dem allgemeinen Nahmen Monte Albio begriffen. Sie hat gar keine Stadt von einiger Importantz. Sonsten verehren die vornehmsten nahe bey oder weit von dem Meer gelegne Oerter in dieser Gegend entweder das Scepter Keyserlicher Majestät (welche nebst einem guten Theil des vom Meer entlegenen Croatien noch wol 80. Meilen Landes am Meer-Ufer herunter beherrschet) oder bücken sich unter dem tyrannischen Joch der Türcken/ alß welche den
ande-

anderen Theil von Croatien inne haben/ und zu Lika und Carbana ihre Sangiaken bestellt.

FIUME,

oder S. Veit ist der erste vornehme Ort/ so ihrer Keys. Maj in dieser Meer-Gegend zuständig/ liegt nah an Histerreich/ (daher auch etliche noch diesen Ort dorthin rechnen wollen) und zwar/ da der Fluß/ Oeneo vor diesen genandt/ sich ins Meer ergeust; Es entspringet derselbe aus denen Bergen della Vena in Krayn/ und theilt bey Ende seines Lauffs selbige Provintz von Croatien. Diese Stadt dependirt von Krayn/ und muß ihrem Commandanten gehorchen. Die anderen/ so in folgendem sollen benennet werden/ pariren dem Gouverneur in Croatien/ oder Obristen von Carlstadt.

Sonst ist Fiume noch eine Stadt von einiger Consideration, weil sie auf einem Berg erbauet/ mit einem zimlich festen Castel und schönen Haven versehen

sehen. Das Meer/ so sie benetzet/ wird Qvarner, oder Golfo del Qvarner oder Carnero, welches/ wie einige außlegen/ von Carnivoro herkommen soll/ weil daselbst wegen offt vorgehenden Schifbruch so viel Fleisch verschlungen wird. Von den Lateinern wird es benennet Sinus Flanaticus von einigen Völckern so Flanates genennet werden/ die in diesem Resier ihre Hauptstatt Fianona gehabt/ und daherum gewohnt haben. Der Qvarner ist aber zweyerley/ der Grosse nemlich/ und der Kleine. Jener erstrecket sich von Pola oder dem eussersten Vorgebürg von Histerreich/ und umfasset einige Insulen/ so sich dortherum befinden. Der kleine Qvarner aber fliest um das eintzige Theil des Golfi, so näher beym festen Lande/ und mitten zwischen gemeldten Insulen sich ergeust. Fiume ist noch eine Stadt vom alten Liburnien/ welches von hier biß an die Gräntzen Zara sich erstrecket/ und dem Meere/ so weit das Liburnische Ufer gieng/ den Nahmen Mare Liburnicum

nicum gegeben. Ist berühmt wie schon im Ersten Theil angeführt worden/vom See-Rauben/ so die Liburnier continuirlich drauf getrieben.

TERSATS

auf Lateinisch Tersatica, ist eine alte Stadt an diesem Meere wenig Meilen von Fiume gelegen. Allhier ist ein Gouverneur von Croatien/ als selbige Provintz von Carolo M. sich muste Gesetze vorschreiben lassen / von den Einwohnern massacriret worden/es hat sich aber gedachter Keyser in eigener Person dorthin begeben / und wegen solcher verwegenen That die Rebellen zur harten Straff gezogen. Noch berühmter aber ist dieser Ort daher/weil das Ziegelsteinerne Häußgen der Jungfrauen Marien/ worin sie zu Nazareth den Englischen Gruß empfangen/ und viel Jahre drinnen gewohnt / von den Engeln hiehin auß Nazareth gebracht / allwo es auch 3. Jahr lang gestanden/soll aber von dar übers Meer nach Loreto in Italien/ abermahls von den Engeln seyn getragen worden. Dorthin geschehen nun von weit entlegenen Orten unzehlige Wahlfahrten/ und ist in der überaus schönen Kirchen/ worin es steht/ ein Schatz so über 55. Millionen an Golde außträgt/ allda zu sehen.

Auf unser Tersatz wider zu kommen/ so war der Ort unter absonderlicher Herrschafft des Hauses Frangipani gehörig/ wovon der Vornehmste seinen besonderen Sitz hatte zu

PRUNDEL

eine etliche Meilwegs vom Meer entlegene Stadt/ und zimlich considerable Festung. Es ist aber die Frangipanische Familie dieses/ und aller anderen Oerter/ so unter ihrer Contribution und Herrschafft gestanden/ beraubet/ ja auch zugleich durch den Todt des Marckgraffen Francisci Christophori Frangipani gar erloschen. Es hatte sich derselbe nebst die Grafen Nadasti und Tattenbach/ von seinem Schwager dem Grafen Peter Zerini/ Ban in Croatien zu zu einer geheimen und der Königlichen Majestät in Ungarn höchstschädlichen Conspiration verführen lassen/ und schon viel rebellisches Wesen angestifftet. Weil man aber alle gefährliche Anschläge dieser Conspiranten zeitlich entdecket hatte/ sind sie alle gefänglich eingezogen/der Rebellion und des Lasters der beleidigten Majestät überzeugt/ und durchs Richt-Schwerd vom Leben zum Tode gebracht worden. Dem Frangipani und Zerini ist zu Neustad/nachdem sie beyde mit einem Valet-Brief auß dem Gefängniß durch P. Josua ihre Gemahlinnen getröstet/ und beweglich um Verzeihung dieser Beleidigung gebeten/ im Jahr C. 1671. den letzten April der Proceß gemachet worden.

Sonsten haben sich vorhero die Cadets auß dem Geschlecht Frangipani, Marckgrafen von Tersatz tituliren lassen.

BUCCARI

oder Buccariza, zu Latein Velcera/ ist eine andere Stadt bey diesem Meer/ welche

che samt etlichen anderen Plätzen in dieser Gegend zum Hause Zerini gehört. Der älteste dieser Familie/ Graf Peter Zerini ist der vornehmst/ und der Anfänger vorerwehnter Rebellion gewesen/ hat sich in vertrauliche Correspondentz und geheime Bündnisse mit denen Türckischen Bassen eingelassen/ und wider höchstgedachte Majestät Keysers Leopoldi die Waffen ergriffen/ weil er nun dieser und vieler anderen treulosen Anschlägen überwiesen worden/ hat er auch/ wie vorgedacht/ mit dem Kopfe bezahlen müssen. Die Städte und Dörffer/ worüber seine Familie zu befehlen gehabt/ wurden mit Ausschliessung seines Sohns dem Königlichen Fisco unmittelbahrer Weise reuniret.

Modrusch

auff Lateinisch Tediastum genennt/ ist noch heut zu Tag eine Bischöfliche Stadt/ wenig Meilen von Segna/ und an den Fluß Lecko gelegen/ wie auch Ottosatz (welches nach etlicher Meinung das alte Arucia

H. Geographischer Theil

Arucia soll geweſen ſeyn) Ouglin, Avendo, oder Avendona beym Fluſſe Dobran. Alle dieſe drey vom Meer entlegene Oerter erkennen das Hauß Oeſterreich vor ihre Herrſchafft, ſeyn unter dem Gouvernement des Generals in Carlſtate begriffen, und gräntzen an die Morlachey.

SEGNA

oder Senia, nunmehro Zeng, iſt eine Biſchöffliche unter dem Ertzbiſchoff zu Spalatro gehörige See-Stadt und berühmte Feſtung mit einer Citadellen und bequemen Hafen verſehen. Iſt am Meer recht gegen der Inſul Vegia über, 25. Meilen von der Stadt Nona, ſo ihr gegen Morgen ligt, und etliche Meilen mehr vom Fluſſe Arſia, welcher Italien von Jllyrien ſcheidet, gelegen. Waß dieſes Ortes Ober-Herrſchafft betrifft, muß derſelbe dem Röm. Keyſer Gehorſahm leiſten, der ihn dann auch wol beſetzet und genau verwahren läſt. Sie iſt im übrigen die Haupt-Stadt der kleinen ſo genandten Landſchafft de Ulcoki, wa die

M 5

auch Springer genennet werden/ weil sie ein gantz unebnes/rauhes/felß-und bergichtes Land bewohnen/ und dahero gemeiniglich zu springen haben/ auch durchgehends hurtig auf den Beinen/geschwindes Leibes/ und zum Tantzen nicht ungeschickt seyn. Demnach nun diese Uskocker von der Armuth und Dürfftigkeit ihrer bergichten Heimath/ihren Unterhalt anderwertig zu suchen angespornt wurden/ oder weil sie die räuberische Natur von den alten Liburniern/ ihren Vorfahren geerbt/ haben sie sich in diesem und vorigem Seculo auf Adriatische Meer mit kleinen Saicken begeben/ und daselbst die Türcken/alß welche mit denen Röm. Keysern ihren Ober-Herren Feindschafft pflegten/geplündert. Es entstunde dahero eine grosse Uneinigkeit und Mißverständnis zwischen höchstgedachten Röm. Keyser und der Republic Venedig/ weil diese jenem Schuld gab/ daß er mit seinen Uscokern durch die Finger sehe/ und das Kapern/ wodurch sie nicht geringen

gen Schaden erlitte/ nicht verbiete/ da
sie mit denen Türckischen Kauffleuten in
gutem Frieden numehro Handel und
Wandel triebe/ und deßwegen/ auch sonst
alß Königin übers Meer dasselbe rein zu
halten verbünden wäre.

Ausser dem hatte die Republic noch absonderliche Ursach und grössere Fug über
der Uskokischen SeeRauber unbillige
Gewaltthätigkeit sich zubeklagen/ weil
auch ihre eigene Kauffardey-Schiffe
nicht frey passieren konten. So verle-
ckert waren diese Corsaren auf die Beute/
daß auch die Venettanischen Kauffleute
mit Remonstrirung des zwischen dem
Hauß Oester-Reich und ihrer Signorie
aufgerichteten Friedens sich nicht durch-
bringen konten/ sondern gleich denen Tür-
ckischen/ wenn sie nur angetroffen wur-
den/ Haar lassen musten. Weßwegen
auch die Republic ihre Klagen nicht allein
beym Ertz-Hertzog Ferdinand/ sondern
auch beym damahls regierenden Keyser
Rudolpho dem II. offters wiederholte/ und
weil diese Feindseligkeit schon lange Jah-

ren heto gewähret hatte/ wurd der Keyser endlich andres Sinnes/ und bewegte den Ertz-Hertzog/ daß er den itzigen Gouverneur zu Segna, welcher denen See-Räubern/mit geringer Reputation seines Herren die Hand biß dato gehalten/ ab und einen anderen einsetzen solte/ der Verstand/ zu erkennen/ und Courage hätte das jenige außzuführen/ was seines Herren Ehr und Renommée, in dieser Sachen erfodern mögte. Dies war nun der Graff Joseph Rabatta, welcher/ so bald er zu Segna angelangt/ den vorigen Gouverneur Daniel Barbo ablösete. Er hielt drauf mit denen Corsairen scharffe Rechnung/ ließ ihre Vornehmsten/ und die Anführer dieser Rotte auffknüpfen/ die jenige/denen ihr eigenes Gewissen gleichen Proces prophezeyete/ und die darum den sichersten Weg ergriffen und Netzhaus gespielt hatten/ in der Flucht nacheilen/und wol 400. ihrer Hütten und Häuser/welche sie auff denen Küsten am Meer zu ihrem Unterschleif hatten auff-erbauet/ einäschern. Weil nun auch über

über das alles/ nach solcher heilsamen Execution, Teutsche Besatzung überall eingeleget würden/ wolte es das Ansehen gewinnen/ als wenn numehro alles sich in guter Ruhe setzen würde. Ein neuer Zufall aber brachte die vorigen Unordnungen wieder hervor/ ja verschlimmerte dieselben um ein mercklices/ und stürtzte sie in einem fast unheilbahren Zustand.

Es wolte Graf Rabatta das vorige Ubel von Grund aus außgereutet wissen/ konte aber die übrigen/ so eine gleiche Straff wie ihre Cammeraten zwar verdient/ und noch grosse Lust hatten ihre vorige Lebens-Art wider anzufangen/ doch auß Mangel gnugsahmer Uberzeugung nicht abstraffen. Damit er aber endlich das Land von diesem räuberischen Gesindel befreyen/ und ihnen die Gelegenheit/ mehr zu Kapern abschneiden mögte/ machte er aus auß denen Vornehmsten eine Compagnie Soldaten/ in Meinung solche nach Ungarn/ wo der Krieg viel Volckes wegfrasse/

zusende. Diese ließen sich zwar durch allerhand Motiven auffmuntern/ und willig werden/ begaben sich auch nach Ungarn hin auff den Weg/ traffen aber ihren entsetzten Gouverneur Barbum an/ der ihnen so viel vorzuschwatzen wuste/ was sie vor habselige und vergnügte Leute seyn könten/ wenn sie in ihrem Vaterlande bleiben/ und ihr voriges Corsaren-Handwerck treiben würden; Ließen sich also von ihm bereden/ marschierten wider nach Segna, und stellten sich gantz kühn und verwegen dem Grafen Rabatta sämtlich in die Augen. Er empfieng sie aber mit gar unfreundlichen Worten/ und spaltete ihrem Capitain Gianiza mit seinem eignem Säbel den Kopf. Wodurch der vorige Tumult in der Stadt auffs neue hervorbrach/ und alle Unordnungen/ die eine Zeitlang geruhet hatten/ wieder ihren Anfang nahmen.

Die See-Räuber rüsteten sich ohn Verzug auffs beste wider auß/ vermehrten die Anzahl ihrer Schiffe/ und dorfften biß nach Scardona, so damahls denen

nen Türcken zuständig/ sich wagen/ und
daſſelbe außplündern; Und weil ſie ſich
auch auf der Venetianer Gebiet bega-
ben/ ſchickten dieſe viele Kriegs-Schiffe
hin alles Unheil zu verhüten/ weßwegen
denn an beyden Seiten viele Scharmützel auf dem Meer vorgiengen/ und con-
tinuirte ſolcher Krieg alſo ohne vorherge-
gangene Ankündigung einige Jahren
durch/ biß die Republic im Jahr C. 1617.
als ſie die Räuber mit aller ihrer Macht
nicht außtilgen konte/ den Ertz-Hertzog
ſelbſt feindlich angriff/ weil ſie ihm die
Schuld ihres erlittenen Schadens/ als
welchen er durch ernſtes Verbot wol
hätte abwenden können/ zuſchrieb/ ließ zu
dem Ende der Stadt Gradiſka an dem
Fluß Una in Slavonien mit ernſter Belagerung zuſetzen/ und nöthigte dadurch
den Ertz-Hertzog/ daß er mit allen ſeinen
Kräfften offtgemeldte See-Räuber muſte helffen unterdrücken wie er denn auch
133. von den Vornehmſten der Uskokern
ſamt ihren Familien auß dem Lande wei-
ſen/ und alle ihre Schiffe im Feuer auf

gehen ließ. Wodurch das Meer endlich gesäubert/ und der völlige Friede wider eingeführt wurde.

Felissa

welches ist das bey den Alten bekandte Lopsica, wie auch

Ortopola

so seinen alten Nahmen behalten/ sind zwey in dieser Meer-Gegend gelegene/ und denen Oesterreichischen Ertz-Hertzogen zugehörige Schlösser/ und nur wegen ihres Alterthums merckwürdig. Aber

NOVIGRAD

das alte Argyruntum (wenn nicht vielmehr das Türckische Obroazzo, so etliche Meilen von Novigrad gelegen/ also/ wie etliche wollen/ genennet wird) ist ein considerabler Ort/ so dem Staat von **Venedig** zugehörig; Liegt an einem Golfo/ welcher wol 30. Meilen in die Länge ins feste Land hinein laufft. Diesen Ort hat ein Venetianischer Commandant im Jahr 1646. bey Anfang des Candianischen Krieges dem Ban in Bosna

Bosna/ der allerhand Feindseligkeiten in diesem Refier herum zu treiben anfieng/ einraumen müssen; So bald aber der tapfere General Foscolo zu Felde gieng/ wärete es nicht lang/ daß er solchen nicht wider in Venetianischer devotion gesetzt hätte. Die Türcken/ so den Ort defendirten/ ließ er auf die Galeen schmiden/ und den Festungs-bau des Orts/ damit er dem Feinde nicht ferner zum Unterschleif dienen mögte/ demolieren. Viel ander Glück und grösser avantage wider die Türcken hat ihm sein heroischer und resolvierter Muth erworben/ massen er in dieser Gegend herum fast alle ihre Oerter mit stürmender Hand eingenommen. Er hat auch in obgemeldtem Jahr nicht allein die Oerter

Obroazzo, Sternich und Tina,

erobert (welche zwar die Türcken hernach in ihre Klauen wieder bekomen/doch im Jahr C. 1683. weil sie solche vor der Venetianer steigenden Macht nicht mehr zu behaupten sich getraueten/ von sich

selb-

selbsten wider verlassen) sondern auch das Schloß

NADIN

unter die Zahl der von ihm zur Ubergab gezwungenen Plätze gebracht. Es ligt in der Graffschafft Zara auff einem hohen Berge/ 15. Meil von Zara/ 10. von Avrana, und 7. vom Gestade des Meers; ist so wol wegen seiner Situation als starcken Mauren zimlich fest/ auch mit frischem Wasser überflüssig versehen. Weiland war solches der Türcken Magazin/ Zeug-und Korn-Hauß/ worinnen sie alle Provision/ welche den Krieg in Dalmatien fortzusetzen/vonnöthen war/hingeschlept hatten/höchstgedachter General Foscolo aber nahm alles herauß/ und ließ den Ort fast in die Asche legen. Im Jahr C. 1539. haben ihn die Türcken zum erstenmahl einbekommen/ und heßlich verwüstet/ befindet sich aber numehro in der Venetianer Gewalt/ sie hatten ihn zwar im Candischen Frieden denen Ottomännern eingeräumet/ im Jahr

1684.

1684. aber unter Regierung des Generals Donato glücklich wieder emportiert.

XEMONICO

ist noch ein 7. Meil von Zara auff einem Felsen gelegener Ort/ der auch in vorbesagtem Jahre unter Anführung des gemeldten Generals dem Adriatischen Löwen sich ergeben muste. Nichts sonderliches ist von demselben zu melden/ alß die remarquable Belägerung und erfolgte Eroberung/ so Anno 1646. daselbst ist vorgegangen. Es merckte damahls Foscolo General Proveditcur in Dalmatien/ daß die Türcken von Xemonico auß grossen Schaden im Venetianischem verursachten/ resolvierte sich dannenhero die Türcken auß besagten Ort zu jagen/ und gab Marco Antonio Pisani Proveditorn der Cavalterie/ Ordre/ daß er mit etlichen Stücken/ 5000. Mann zu Fuß und einer guten Anzahl Reuter solches Wercks sich unternehmen solte. Es wurde aber dies Vornehmen von dem Durach Bey einem

einem verwegenem Wüterich verkund-
schafftet; deßwegen er/ um etwa 1000.
Mann hineinzuwerffen/ auß Avrana vhn
langes Verweilen sich aufmachte / auff
der Reise wurd er aber von den Venetianern rencontriert, und die Seinigen
meist in die Flucht geschlagen/ daß er also
nur mit etlichen wenigen in die Stadt
ankam. Hierauf wurde nun die Bela-
gerung/ weil kein Entsatz mehr zubefürch-
ten war/ aufs eiffrigste fortgesetzet; Weßwegen des Orts Commendant/ Aly San-
giaco, dessen Männschafft schwach zu werden anfieng/ seinen eben hineingekommenen
Sohn/ sich wider herauß zu begeben/ an-
reitzte / mit Instruction / daß/ weil ihm die
Gelegenheit selbiger Gegend am besten
bekand wäre / er einen erklecklichen Suc-
curß wider zusammen bringen solte; Er
gerieth aber denen Venetianern in die
Hände/ und wurde sein Kopf/ so ihm alsobald ein Albaneser herunter schmisse /
denen Belägerten auff einer Stange
vorgezeigt / dadurch bey ihnen der Muth
dermassen fiel/ daß/ weil nun alle Hofnung
des

des Entsatzes zu Wasser geworden/ und sie ihrer Gewohnheit nach lieber rauben und stehlen/ als mit so tapfern Leuten länger fechten wolten/ sie alle zu parlamentieren Lust hatten/ auch endlich sich folgender gestalt ergaben/ daß sie/ wiewol ohne Gewehr und Bagage/ nach Avrana mögten sicher con voyrt werden. Dieß geschah aber alles ohne Einwilligung des alten Aly/ massen der von keinem Accord hören wolte/ begab sich dannenhero mit etlichen wenigen in einem auff einen hohen Felsen gelegenen festen Thurn/ und zeigte durch desperate Gegenwehr/ daß die Verwegenheit in seinem Hertzen noch nicht verraucht wäre/ muste aber endlich/ als man durch etliche Canonen-Schüsse Breche gemacht/ mit Bedingung/ ein Monat lang im Arrest zu sitzen/ sich ergeben. Und dergestalt war der Accord völlig geschlossen/ dem zufolge auch die Venetignischen Trouppen/ nichts böses vermuthende/ einziehen/ und den Ort in Besitz nehmen wolten/ wurden aber listig- und schelmischer Weise/

wider

wider gegebene Treu und Glauben/ von etlichen Türcken/ so sich in die Häuser noch versteckt hatten/ unversehens überfallen/ und ihrer viele von diesen Barbaren niedergesäbelt. Weil nun gemeldter Greiß diese schändliche Untreu angestifftet/ ist er nach Zara/ von dar nach Venedig geschickt/ und daselbst im Castell di Brescia eingesperret worden/ worin er auch seinen Geist nach Verlauf etlicher Jahren aufgegeben. Die verrätherischen Mörder wurden mit harter verdienter Straff von denen erbitterten Uberwindern angesehen/ der Ort aber/ weil die Ingenieurs/ ihn rechtschaffen zu befestigen/ unbequem befunden/ nachdem man zuvor alles dienliche herausgeschafft/ angesteckt und rasiret.

NONA

von den Lateinern/ Acnona, Ænonia, oder Henona genant/ ist eine alte Bischöfliche unter das Ertz-Bischoffthum Zara gehörige Stadt/ zwar nicht sonderlich weitläufftig/ aber auch anitzo noch zimlich befestiget. Sie ist die erste Stadt

II. Geographischer Theil.

Stadt (nach Abend hinzuverstehen) so dem Staat von Venedig auffm festen Lande in Dalmatien zuständig/ ligt am Ufer/ wird fast gantz vom Meere umflossen/ bey heissen Sommer-Wetter aber vom Wasser an einer seite verlassen; Ist von der Insel Pago gegen Abend nur vier/ wie

ZARA

35. Meilen nach Mittag davon/ entlegen. Dies ist die Ertz-bischöffliche Haupt-Stadt von Dalmatien/ eine alte Colonie der Römer/ von welchen sie den Nahmen Jadera bekommen/ und die Vornehmste in der Grafschafft/ so Contado di Zara genennt wird. Ist fast gantz vom Adriatischen Meer umgeben/ ligt 180. Meil von der Stadt Venedig/ gantz eben/ zwischen Parmuida und Maleda, auf einer halb-Insul/ welche gegen Morgen durch einē Isthmum, so über 30. Schritt nicht breit/ an das feste Land gehänget ist. Von dieser Seiten wird die Stadt durch hohe Mauren/ starcke Bollwercke/ tieffe Graben/ uñ ein Thor mit 3. schönen Thürnen verwahret

wahrt/ auch hat sie daselbst eine überaus feste Cittadelle/ so mit 3. miniert- und contraminirten Bastionen/ Ravelinen und Contrescarpen/ versehen. Auf diesem Schloß residiert der Venetianische Gouverneur über Dalmatien/ der alle 3. Jahr abgewechselt wird/ und hat allda zu seiner Garde 8. starcke Compagnien zu Fuß/ und 3. zu Pferd. Bey dieser Festung ist auch ein bequemer Haven/ in welchem jederzeit Schiffe auf allen Nothfall fertig ligen.

Es bezeugen etliche alte Inscriptiones/ daß Keyser Augustus dieser Stadt Mauren und Thürne erbauen lassen/ und eine Colonie, diesen Ort zubewohnen/ außgesand habe/ massen auch dies der eintzige Ort ist/ so den Römern um selbige Zeit ist völlig unterthänig blieben. Sonst hat sie an gutem Wasser Mangel/ und muß nunmehro sich mit Regen-Wasser behelffen/ seither der köstliche Canal, wodurch das Wasser wol 30. Merkwegs unter der Erden nach Zara geleitet wurde/ eingegangen. Sonsten gibt

II. Geopraphischer Theil

gibt das noch übrige eingefallene Gemäure von diesem kostbahren Wercke, noch gnugsam zu verstehen, in was für grosser Consideration diese Stadt bey ihrer Ober-Herrschafft muß gewesen seyn, als die um ihrer Einwohner Bequemlichkeit willen daselbst so viel Unkosten angewandt. Dies grosse statliche Werck soll, nach etlicher Meinnng, Trajanus angeleget haben, als er auff seiner Reise wegen der Dacier Krieg zu Zara von ungefehr angelanget. Es sind aber nicht allein unterschiedene Antiquitäten sondern auch absonderlich die Thum-Kirche, nebst anderē schönen Gebäuden, beschens werth, der Einwohner Anzahl beläufft sich auff 6000. Seelen, ausser denen starcken Garnisonen zu Roß und Fuß. Was die Veränderungen, und andere merckwürdige Begebenheiten, so in dieser Stadt vorgegangen, betrifft, sind selbige im Ersten Historischem Theil dieser Vorstellung nach der Länge erzehlt worden; Weßwegen ich nach

Zara Vecchia

mich begebe / so zum Unterscheid des vorigen also benennet wird / und 16. Meilen Oſtwerts davon liget. Johannes Lucius der gelehrteſte Historicus ſeiner Nation / ſteht in den Gedancken / daß es das alte Blandona ſey geweſen. So viel iſt ſonſt gewiß / daß es **Belgrad** und Alba Maritima ehemahls genennet worden / auch eine Biſchöfliche Stadt geweſen ſey / ehe der Sitz nach Scardona iſt transferiret worden. Heut zu Tage ligts faſt gantz im Staub und in der Aſchen / iſt ein ſchlechter Ort / und wird von etlichen wenigen Baurs-Leuten bewohnt.

AVRANA

von den Slavoniern Urana genant / iſt eine Stadt ſo 5. Meilen vom Meere und 15. von Sebenico gelegen / unten am ſchwartzen Berge / und am Ufer einer See gleiches Nahmens. Allhie reſidirten vor dieſen die Sangiaken / hat eine ziemliche Vorſtadt von mehr denn 600. Häuſer / in welcher vormahls die Tempel-Herren gewohnt haben. Es ist einer von den lustigsten Oerteren in Dalmatien/ und nicht allein berühmt/ wegen seiner alten Fortification/ so in vorigen Zeiten etlichen Königen in Ungarn viel zu thun gemacht/ und viel Köpfe zerschmettert/ sondern auch wegen einer überaus reichen Comterey der Tempel-Herren/ so vom Könige in Ungarn Andreas dem II. daselbst gestifftet/ und dem Pontio Groß-Meister derselben im Jahr 1217. alß er ihn zum Vicere über Croatien und Dalmatien machte/ eingeräumet/ um welche Zeit auch der Festungs-Bau daselbst angeleget worden. Die Einkünffte dieser Commenthure hatten ehemahls zu dem reichen Benedictiner Kloster S. Gregorii, gehöret/ so vom Könige in Dalmatien und Croatien Zuonimiro oder Demetrio im Jahr C. 1076. wie anderwertig schon ist angemerckt/ dem Röm. Pabst eigenthümlich eingeräumet worden/ damit desselben Nuncii, bey ihrer Ankunfft in Dalmatiē darin füglich mögten beherberget und tractiert werden.

Und

Und solches ist um die Zeit geschehen/ als Gebizon Prälat des Benedictiner Klosters zu S. Alexius in Rom von Gregorio VII. nach Dalmatien/ zu vorgenantem Könige die Crone auff zusetzen abgesand gewesen. Avrana ist bald von Venetianischer bald von Türckischer Soldatesca unterschiedlichemahl genommen un̄ widergenommen worden. Im Jahr C. 1647. nachdem der General Foscolo, Novigrad, Obroazzo, Tin und Nadin unter die Venetianische Regierung gebracht/ resolvierte er auch diesen Ort zu überrumpeln/ so bald aber die Türcken der Venetianer Trouppen und drauff ihres Geschützes Annäherung erblickten/ packten sie sich bey Nacht und Nebel auß dem Staube und verliessen auß Furcht den Ort/ daß also die Venetianer ungescheut denselben beziehen konten. Sie fanden unter anderer Beute noch 4. schöne Stücke drinnen/ so die Türcken in Ungarn ehemals zur Beute bekommen/ nahmen solche herauß/ und liessen das übrige in die Asche legen. Nach der Zeit haben die

un-

ungläubigen Muselmänner den Ort wider auffgebaut und bezogen/ ist aber letzlich ihres Tyrannischen Jochs entledigt/und unter die Schirm-Flügel des Adriatischen Löwens wider gerathen/ nemlich 1684. da ihn die Morlacken unter Anführung des Generals Donato eingenommen.

Carin

ligt auf einer Höhe/ wo sich das Gebürge Bucovizza endigt/ und hat auf der Seiten eine See/ davon das Schloß seinen Nahmen bekommen. Im Jahr 1647. haben es die Venetianer nebst vorgemeldten Städten unter ihre Contribution bekommen/ aber in dem/ Ao. 1669. geschlossenen Frieden samt vielen andern Plätzen an die Pforte wider abgetreten. Hat also dieser Ort unter dem grausahmen Joche Türckischer Dienstbarkeit so lange geseufftzet biß diese Barbaren ihn im J. 1684. wider verlassen musten/ weil ihre/ sonderliche an den Venetianitischen Gräntzen wohnende Unterthanen/wegen harter Pressuren/

so sie von den Türckischen Beamten auß-
zustehen hatten / ihnen allen Gehorsam
auffkündigten. Gleiches Glück hatte der
Feind zu

SCARDONA

so beym Strabo, Scardo, im Römischen
Breviario, Stridon, und von den Slavoniern / Scardin genennet wird. Von
diesem Ort ist nichts remarquables zu
melden / als daß der S. Hieronymus daselbst gebohren / und daß die unter das
Ertz-bisthum Spalatro gehörige Bi-
schöffliche Würde A. 1120. von Belgrad
am Meer / dorthin ist verlegt worden /
wiewol sie vordiesem eine Stadt von
grosser Macht und Consideration gewesen. Anno 1322. alß es in Ungarn wegen so vieler Empörungen über und über
gieng / haben sich die Scardoneser mit den
Almissanern zusammen rottiert / und sich
aufs Kapern gelegt. Weil aber denen
anderen Städten grosser Schade dadurch zugefüget wurde / haben sich etliche
von ihnen mit den Venetianern conjun-
giert / und obgemeldte Rauber zu Paaren
ge-

getrieben. Bey welcher Gelegenheit Scardona denen Soldaten außzuplündern und nach ihrem Gefallen zu ruiniren ist übergelassen worden. Im J. 1411. haben die Venetianer vom Bano di Bosna diesen Ort und Ostrovizza zusammen/ vor 5000. Scudi d'oro oder Ducaten gekaufft/ und sie auch behauptet/ biß im J. 1522. die Türcken auß Thracien geflogen kamen/ und diesen Ort mit grossen Furie wegrißen. Selbige bewahrten ihn zwar mit ungemeiner Sorgfalt/ weil er ihne/ Sebenico zu beschützẽ/ zu einem Zeughauß dienen konte/ wurden aber solchem ungeachtet im J. 1537. durch den General Pesaro mit stürmender Hand wider herauß gejagt/ und die Stadt zwey Jahr drauf von den Venedigern selbst/ ihrer Fortification entblöst. Nach diesem haben sich die Türcken noch einmahl allhie wider eingenistelt/ aber im efft angezognem Jahre 1684. ist dieser Ort durch Beyhülffe der Morlacken dem Dominio Veneto reunirt/ von Herren General Valier mit neuen Wercken fortificiert/

und mit einer starcken Garnison/ denen Türcken das Streiffen in selbiger Gegend zuverwehren/ versehen worden. Das eingefallene Gemäuer der alten Festung und der Cittadellen kan man noch sehen bey dem Lago/(so in der Lateinschen/ Scardonium, und in gemeiner Lands-Sprache Proclian genennet wird) und an der rechten Hand des Flusses Kerca, der bey den Alten Titius hieß/und mit seinem Lauff die Gräntzscheidung von alt Liburnien und Dalmatien machete. Wendet man sich nach der Lincken Hand deßelbigen Flusses/ allwo er sich ins Meer ergeust/ sieht man

SEBENICO

eine von Zara 40. und von Trau 23. Meilen/ an einem Sinu gleiches Nahmens gelegene Stadt/ dessen Bischoff Suffragant ist des Ertz-Bischofs zu Spalatro/ ist sehr volckreich/ und von Natur und Kunst zimlich fest/ hat ein schönes Schloß auf dem nahbeygelegnen S. Johannis Berge und noch eine andere nicht weit entlegne Festung/ S. Nicolas &c.

genant/ an der Ecke des Landes so vom
Meer und dem Flusse benetzet wird. Sie
berühmt sich eines hohen Alterthums/ daß
sie nemlich 550. Jahr vor unsers Heylandes Christi Geburt sey erbaut/ und
damahls Sicum benennet worden. Doch
sind etliche Autores/ unter andern Johannes Lucius in der Beschreibung des
Dalmatischen Reichs/ contrairer Meinung/ und geben vor/ daß Sicum bey den
Alten sey eine andere Stadt gewesen
wovon man die Rudera noch heut zu
Tag zwischen Salona und Trau sehen
könte. Im J. 1298. hat die Stadt Sebenico von Pabste Bonifacio VIII. ihren
eignen Bischof bekommen/ da sie sonst unter den Bischoff zu Trau gehörete. Zu
welcher Ehre noch viele kömt/ daß sie immerhin nur von Christlicher Regierung
ist beherrschet/ und also ihre Jungferschafft noch niemahls von den Türckischen Bestien beflecket worden/ maßen
sie im Jahr C. 1327. vom Könige Carl
in Ungarn an Venedig/ unter Ludwig
aber/ dem Karl succediert/ in Ungarische Devotion wider gerathen/ und/ alß

nach

nachgehends das Glück dem Sigismundo und seinen Waffen in keinem Stücke mehr favorisieren wolte / ward die Stadt Sebenico aufs neu vor den Venetianern fußfällig / nach deren Winck sie noch heut zu Tage sich richten muß.

Im Jahr 1539 haben zwar die Barbarischen Türcken mit einer furieusen Belagerung diesen Ort angegriffen/ in Meinung ihre Säbel mit der Christen Blut zu färben/ und durch Eroberung dieses Platzes den Wachsthum ihres halben Mondes zubefödern/ aber das Ziel ihres Bogens wurd verrückt/ und sie durch tapfere Gegenwehr der Belagerten nach Hause gewiesen. Dreissig Jahr hernach versuchten sie abermahl ihr Heyl an diesem Ort / aber mit gleichem Success/ und noch grösserem Schimpf wie zuvor; denn/ indem sie vor die Stadt rückten/ waren fast alle Manns-personen auf Parthey wider die Türcken herausgegangen/ und nur allein die Weiber drinnen geblieben/ weßwegen auch jene desto eiffriger und ungestühmer dem Orte zu-

zusetzten/ damit sie denselben vor der
Bürger Widerkunfft plötzlich überstei-
gen mögten; Allein die drinnen mit mañ-
lichen Armen fechtende Amazoninnen
liessen diesen Barbaren zu ihrem unsterblichen Rhum tapfere Widerstand verspü-
ren/ biß ihre Männer ihnen zu Hülffe
kommen/ und den Feind vollends abtrei-
ben konten. An diesen Stössen hatten
diese Blutgierige Barbaren noch nicht
gnug/ massen sie im Jahr 1646. mit 25.
Tausend der Ihrigen unter Anführung
eines Renegaten auß Polen mit Nahmen Teckely/ so Türckischer Vezir ge-
worden/ aufs neue vor diesen Ort rückten/
aber aufs neue auch nichts alß harte
Schläge davon trugen. Sie wurden
zwar durch das donnernde Geschütze von
der drin ligenden Garnison vermähnet/
daß sie von ihrem vermessenen Beginnen/
so doch fruchtloß seyn würde/ bey zeiten
abstehen solten/ liessen sich aber nicht ab-
halten/ biß der General Foscolo, der den
Ort zuentsetzen ankam/ sie dessen vollends

überzeugete/ und mit grossem Verlust der Ihrigen die Flucht zunehmen nöthigte.

DERNISCH

ist ein mit Mauren und Thürnen treflich versehener Ort/ ligt auff einem Berge nah an dem Fluß Cicola, über welchen man mittels einer Brücken gehen kan/ es ergiest sich derselbe einige Meilen jenseit Sebenico in den Fluß Titium oder Kerca. Im Jahr 1648. wurde von Herrn General Foscolo alles auff dem Lande herum in die Aschen gelegt/ wodurch die zu Dernisch auß grosser Furcht die Flucht genommen/ und das Schloß den Venetianern übergelassen/ welches so fort/ nachdem alle Kriegs-Munition herauß gebracht/ gleicher massen angestecket wurde. Nach diesem ist es auffs neue von denen Türcken bezogen/ aber endlich zu des Herren General Donato Zeiten in der ersten Campagne nach der letzten Ankündigung des Kriegs im Jahr 1684. von ihnen wieder verlassen worden.

Wenn man Capo Figo, so/ wie etliche meinen/ das bey den Alten bekandte

Promontorium Diomedis gewesen/ vorbey ist/ bekomt man Prætorium Maritimum / so nunmehro **Alt-Trau** genennet wird/ ins Gesicht; Ligt auf einer halb-Insul/ oder in dem **Hillinier** Lande/ und ist ein verwüsteter und fast gantz zerstörter Ort/wiewol es zu der Römer Zeiten eine von den importantesten Städten in Dalmatien gewesen. Doch sind auch etliche Autores in der Meinung/ daß die jenige Halb-Insul/ so zwischen die Insuln Lesina und Meleda gelegen/ und nunmehro von der Republic Ragusi beherrschet wird/ Hyllis genennet werde.

TRAU

Tragurium auff Lateinisch/ ist eine von den principalsten Städten in Dalmatien/ hat einen Bischöflichen Sitz/ ist 70. Meilen von Zara/ und 11. von Salona entlegen/ auff einer kleinen Insul zwischen dem festen Lande/ und die Insul Bua/ wovon sie eine Vorstadt in Händen hat/ der Canal, mittels welchen sie vom festen Lande abgesondert wird/ ist kein Werck der Natur/ sondern durch Kunst und Ar-

Arbeit menschlicher Hände verfertiget worden/ damit diese Stadt desto fester seyn/ und sicherer könte defenditet werden.

Diese ist eine von den jenigen Städten/ so um Hülffe wider der Narentaner See-Räuberey bey denen Venetianern flehentliche Ansuchung thaten/und sich denenselben im Jahr C. 997. ergaben. Nach der Zeit aber sind unzehlig viele Veränderungen vorgegangen/ wodurch dieser Ort gezwungen worden bald die Ungarischen Könige bald die Herren von Venedig vor ihre Ober-Herren unterthänig zu verehren/ ist aber auffs letzte in der Republic Händen verblieben/ derselben Befehlen sie auch noch heut zu Tage unterthänigsten Gehorsam leistet.

In dieser Stadt hat der gelehrte Mann Johannes Lucius die Welt gegrüsset/ aus dessen schönem Historischen Volumine über die König-Reiche Dalmatien und Croatien/ zugleich aus denen alten Scribenten/ so gleichfals davon einige Nachricht ertheilt haben/ und

von

II. Geographischer Theil.

von ihm in obgemeldtem Wercke gantz mit eingerücket sind/ habe das meiste von dieser meiner Historischen und Geographischen Relation heraußgezogen. Im übrigen hat gedachter Autor auch eine absonderliche Beschreibung der Stadt Trau/ sampt allen Inscriptionibus, so in diesen Ländern von Zeiten der Römischen Regierung zubefinden gewesen/ herausgegeben. Allhie in dieser Stadt ist das berühmte Fragmentum Coenæ Trimalcionis, welches in des Petronii Arbitri Tractat mangelte/ und seither so vielen Federn/ die es entweder approbiert oder verworffen/ Anlaß zum schreiben gegeben/ gefunden worden.

SALONA

ist die Residentz-Stadt gewesen der ersten Könige von Illyrien/ dessen sich die Römer einsten bemächtigen wolten/ und belagerten zu dem Ende unter dem Octaviano diesen Ort mit so grossem Eiffer/ daß die Belagerten/ weil sie die extrema sahen/ und länger zu fechten schon müde waren/

waren/ dem Ernst mit Accord vorkommen/ und den Römern sich schon ergeben wolten. Dies mißfiel aber auffs höchste dem Salonitanischen Frauen-Zimmer/ so mehr Courage als die Männer selbst hatte/ Sintemahl diese Heldinnen den Spindel so lange bey Seite/ und die Waffen inzwischen munter anlegten/ gantz allein ohne Manns-Volck bey dunckeler Nacht plötzlich einen Außfall ins feindliche Lager thaten/ daßselbe geschwinde in Brand steckten/ und dadurch die Römer unverrichteter Sache mit grossem Schaden von der Stadt zu weichen zwangen. Nachgehends haben sie den Ort doch endlich emportirt/ die Coloni Martia Julia genant/ dorthin geschickt/ sie zur Hauptstatt von Illyrien gemacht/ und verordnet/ daß die 744. Vogteyen/ in welchen Illyrien eingetheilet wurde/ daselbst zusamen komen mögten/ alle entstehende Nothdurfft in solcher General-Versamlung einmüthig abzuhandlen. Man lieset/ daß der Jünger S. Pauli/ der Titus allhier zum erstenmahl

mahl die Lehre von Christo geprediget/ Domnius aber ein Jünger des Apostels Petri solche fortgepflantzet habe. Es ist dieser Domnius aber der erste Ertz-Bischoff allhie/ und die Stadt der Ertz-Bischöflicher Sitz biß ins siebende Seculum gewesen/ als aber die Gothen und Slaven diesen Ort barbarischer weise gäntzlich verheeret/ hat die flüchtige Bürgerschafft sich nach Spalatro begeben/ und daselbst Johannem, den der Pabst/ sie in ihrem Elende zu trösten/ und auff geistliche Sachen acht zu haben/ ihnen auß Italien gesand hatte/ zum Ertz-Bischoff erkohren.

Einige machen auß Salona die Geburt-Stadt Kaysers Diocletiani, vornemlich um dieser Ursachen willen/ weil derselbe seinen grossen und prächtigen Pallast an einem nicht weit hievon entlegnem Orte/ so nunmehro Spalatro genennet wird/ hat erbauen lassen. Weil aber die Nahmen/ des Diocletiani und der Stadt Dioclea einander zimlich nahe kommen/ bin ich der Meinung/ daß er auch

auch in selbiger Stadt zur Welt gebohren. Daß er sich aber die meiste Zeit über/ biß er Keyser geworden/ allhier aufgehalten/ und/ als er die Kayserliche Cron und Zepter auß freyen Stücken niedergelegt/ diesen Ort/ daselbst außzuruhen/ erwehlet/ ist wohl darum geschehé/ weil Salona die Haupt-Stadt/ die vornehmste Colonia, der Sitz der Præsidum Provinciæ, und der Hafe der Römischen Flotten war/ auch der Stadt Dioclea an Schönheit/ Grösse und plaisir weit zuvorthat.

Einige geben eine andere Ursach vor/ warum Diocletianus zu Salona lieber alß anderswo/ gelebt/ weil er nemlich daselbst jederzeit frische Forellen/ so seine niedlichste Speise gewesen/ hat haben können/ massen der Fluß Jader/ nunmehro Salona genannt/ so dieselbe in grosser Menge führt/ sich daselbst in einem kleinen Golfo beym Meere ergeust. Ja er hat von besagten Fischen so viel gehalten/ daß/ alß hernach sein köstliches Palatium verfertiget wurde/ er durch einen Canal
einne

einen Arm von vorbenenntem Flusse
biß inwendig die Mauren desselbigen hat
leiten lassen/ damit er darinnen nach Belieben fischen/ und seine Delicatesse allzeit
frisch bey der Hand haben mögte.

Salona ist numehro fast gantz einem
Ascher-hauffen gleich / wie denn nur eine
Kirche mit etlichen Häusern davon übrig
ist; daher kein Wunder / daß solcher Ort
sich auch nach dem Winck und Willen
dessen/der Meister im Felde ist/ohne Widerrede bequemen muß / wie er denn auch
etliche mahl bald von den Türcken bald
von den Venetianern genommen worden. Im J. 1684. aber hat er anstatt
des Mahomets / S. Marci Zeichen wiedrum verehren müssen.

GLISSA

ist eine Festüng/ so die Natur/ wegen der
Situation auf der Spitze eines hocher-
habenen Berges / mit Beyhülffe der
Kunst und menschlichen Fleisses/ wegen
ihrer dreyfachen Mauren geschickt gemacht hat aller feindlichen Gewalt Trotz
zubieten. Weyland ist sie Andetrium ge-
nen-

nennt worden/ ligt 6. Meilen von Salona nach Norden hin. Ist die Haupt-Stadt einer von denen Graffschafften gewesen/ welche wegen Fahrläſſigkeit der Ungariſchen Könige in Dalmatien entſtanden; Denn als man einen Ban/ der abſolut ſeyn wolte/ unterdrücket hatte/ kamen an ſtatt dieſes eintzigen/ andre 6. ärgere Tyrannen hervor/ die eben ſo wie der vorige/ ohne einigem erhaltnen Recht übers Reich eigen-herriſch dominirten.

In gantz uralten Zeiten verlieſſen ſich die Cliſſaner auff ihre ſtarcke Mauren/ und giengen etliche mahl in das nach Spalatro gehörige Gebiet/ von des Orts Unterthanen einige Beute zuerjagen/ auff Parthey. Welches Streiffen zuverhindern/ die Spalatriner zum König in Ungarn Andreas den III. ihre Zuflucht nahmen. Dieſer/ alß er Anno 1227. einen Zug ins H. Land thate/vertraute die Feſtung denen Tempel-Herren an/ als welchen die Auffſicht über l'Avianz gleichfals war auffgetragen worden

den/ weil sie als polite Leute Mittel und Wege schon wissen würden/ wie alles in belieblichem Ruhestande zeit wärender seiner Abwesenheit/ wie dann auch geschehen/ füglich mögte erhalten werden.

Es verfiel hernach die Stadt Clissa, alß die Macht der Ungarischen Könige en décadence gerieth/ in die Hände eines Despotz, der sich Souverain davon schriebe/ und im J. 1538. hatte sie Petrus Crosicchius in seiner Gewalt/ weil er aber von denen Türcken hart angegriffen wurde/ ließ er sich endlich/ ob er wol vom Pabste Paulo dem III. und dem Könige Ferdinando des Caroli V. Bruder mit Subsidien Geldern und Auxiliar-Völckern zur Gnüge versehen wurde/ doch auß diesem so wichtigen Orte treiben/ und Türckische Fahnen einziehen/ welche auch darin biß ins Jahr 1596. verblieben/ in selbigen Jahre aber von den Uskokern mit Füssen getreten wurden/ massen sie/ alß fast die sämtliche Besatzung unten am Berge Jahr-Marckt oder Kermiß mit hielt/ und sich lustig machte/ den Ort plötz-

plötzlich überrumpelten / konten aber denselben aufs letzt nicht länger maintenieren/ denn alß sie von zehen tausend Türcken wider attaquiert wurden/ musten sie endlich den Ort denenselben wider überlassen. Es hatten zwar die zum Entsatz herzueilende Succurs - Völcker der Christen einen Flügel von des Feindes Armee schon zertrennet. und wären mit dem Uberrest auch leichtlich zu recht gekommen/ wenn der Geitz alß die Wurtzel alles Bösen solches nicht verhindert hätte; denn an statt sie im Fechten/ gleich sie angefangen/ hätten fortfahren sollen/ fienge sie an/ein jeder nach der bestenBeute sich umzusehen/und die Sachen der in die Flucht geschlagenen einzupacken/gabe auf solche weise dem Feinde überflüssige Zeit sich dergestalt zu recolligiren/ daß er die Christen/ von denen er schon so gut als überwunden war/alle in Stücken zerhauen kunte. Welches grausame Verfahren dieser Barbaren die Belagerten auch empfinden musten/ denn als sie sahen/daß alle Hoffnung ferneren Entsatzes

satzes verschwunden/auch sie keine grosse Kriegs-erfahrne Helden waren/steckten sie ohne längeren Verzug die weissen Fahnen aus/ und gaben/ damit sie nicht auf gleiche Weise tractiert würden/den Platz par Accord über.   Die treulosen Thracier hielten aber denselbigen wie Schelme/ massen die gantze Besatzung geschlachtet/ und also ihrer unmenschlichen Tyranney aufgeopfert wurde.

Im Jahr C. 1646. muste zu Clissa der halbe Mond wider dem Creutze weichen; Denn als der General Foscolo merckte/ daß das Glück seiner Tapferkeit die Hand bot/ oder vielmehr der Himmel denē H. Verrichtungē seiner Herrschafft Venedig wider den Erb-Feind Christi in Dalmatien gesegnete/fassete er die lobwürdige Resolution/dieses Orts sich auch zu bemächtigen/ schluge zu zweyen unterschiedlichen mahlen den Succurs/den die Türcken hineinwerffen wolten/ zurück/ und weil zu allem Glück eine Bombe mitten in einer Moscheen/ worin sich eben die Vornehmsten von der Besatzung versam-

ammlet hatten/ einfiel/ und sie alle zu
ihrem Mahometh hinsandte/ wurden die
Belagerten genöthiget zu capituliren/
und die Venetianische Sieges-Fahnen
einziehen zu lassen. Seither ist auch
dieser Ort wie auch nach geschlossenem
Candischen Frieden unter die Zahl der
Venetianischen Städte getreu verblieben.

SING,

welches die meisten Land-Carten Sinuga
nennen/ ist eine Festung von grosser Consideration/ nicht weit von Clissa auf einen hohen Felsen gelegen/ wurde sonst
von den Türcken zur Sicherheit ihrer
Gräntzen gedachter Festung Clissa entgegen gesetzt.

Anno 1686. den 23. September rückte der General Provediteur in Dalmatien und Albanien Girolamo Cornaro
nebst Ihrs Durchl. dem Printzen von
Parma, General über die Infanterie/
und Herren General St. Polo von der
Cavallerie mit zehen tausend gemieteten
Morlacken und vier tausend andern Soldaten/

ten/ 7. Stück Geschützes/ und vier ...ut-Mörsel davor/ nachdem der Rit-Janco des Türckischen Commandan-... von besagtem Sein seine Frau und ...ohn nebst ihrer bey sich habender Con-...y und Bagage zur Beute/ gefangen kommen hatte. Die Festung wurde ...ch auffgeworffenen Batterien gewöhn-...her massen auffgefodert/ und den Be-gerten/ wo sie es zum rechten Ernst und ...r Extremität kommen liessen/ der eu-...rste Untergang gedrohet; Sie gaben ...rgegen auß gewöhnlichem Hochmuth ...rutziglich zur Antwort/ daß sie von allen Nothwendigkeiten überflüssig versehen/ und dahero resolviert wären/ sich biß auf ...en letzten Bluts-tropffen zu wehren/ ...uch ohnfehlbahr durch den von ihnen nur eine Tagreiß entlegnen Bassen zu Erzegovina der Belagerung würden befreyet werden. Nach viertägigem scharffen Canonieren aber und glückli-chem Minieren gaben sie besser Kauff/ massen aller ihrer unermüdeten Gegen-wehr ungeachtet/ unter sorgfältiger An-

füh-

führung des Obrist-Wachtmeisters
Marchese del Borto von denen stürmen-
den die gemachte Bresche glücklich be-
hauptet/ und die Soldatesca durch Ge-
genwart der dreyen höchstgemeldten
Generals-Personen dermassen angefrischet wurde/ daß sie auch des innern
Castels sich bemächtigte/ und alles/ so
nur zum Fechten tüchtig war/ durchs
Schwerd passieren ließ. Bey dieser
Action ist der Obrist Spolverini, der
Ingenieur Comuccio und der Obrist-
Lieutenant Pizzamano nebst 100. andern blessiert/ unterschiedliche Unter-
Officierer aber und etliche 40. Mus-
qvetierer geblieben. Doch ist durch Eroberung dieses Orts ein schönes Stück
Landes herrlicher und fruchtbahrer Fel-
der/ welche von der Festung Clissa biß an
den Fluß Cettina über 30. Welsche
Meilen sich erstrecken/ der Republic eingeliefert worden. In der Festung wurden
8. Stück Geschütz und eine grosse Menge anderes Gewehrs samt einem mit
allerhand Kriegs-Munition angefüllten

II. Geographischer Theil.

Magazin gefunden/ drauf also fort die Mauren außzubessern/ und alles in Sicherheit zubringen/ vom Herren General Cornaro kluge Anstalt gemacht/ die Stadt mit 150. Mann zu Fuß und 50. zu Roß besetzt/ und das Gouvernement davon dem Edlen Antonio Polani auffgetragen.

Im verstrichenen 1687ten Jahr Monats Aprilis gedachten die Türcken diesen importanten Ort Sing wider zugewinnen/ belagerten ihn zu dem Ende mit 6000. Mann zu Fuß/ und 4000. zu Pferd eine zeitlang/ musten aber mit Hinterlassung zwey tausend der Ihrigen/ unter denen viele Vornehmen gewesen/ abziehen. Denn es zog der Proveditor General Cornaro fast alle Völker auß Clissa, Spalatro, Trau und anderen Garnisonen zusammen/ und brachte also nebst denen Jankischen Morlacken ein Corpo von 14000. auf die Beine/ welches unter Direction des Generals S. Polo gegen des Feindes Lager marchierte/ und sich in gute Schlacht-

Ordnung stellte: So bald solches denen Belägerten durch gegebne Lösung kund wurde/ thaten sie einen starcken Außfall/ und ruinirten der Türcken Trencheen und auffgeworffene Schantzen. Ihr commandirender Bassa aber/ als er von denen Uberlauffern Kundschafft erhalten/ daß die Christliche Armee starck/ und entschlossen wäre ihn im Lager anzugreiffen/ begab sich in der Stille mit der meisten Bagage und Artillerie über die Cettiner Brücke wieder nach Hause.

KNIN, oder KLIN
zu Lateinisch Tenen. oder Tinninium und/ wie der offt angezogene Johanne Lucius davor hält/ in uralten Zeiten Arduba genennt/ ist noch eine andere auff festen Lande/ 30. Meilen von Sebenico auff einem von denen Bergen/ so Boßnien und Dalmatien scheiden/ gelegen Festung/ zwar nicht sonderlich groß/ doch wegen ihres hohen Lagers und zweyer sehr weit und tieffen Gräben/ als ein Vormaur von Boßnien so wol/ als Dalma

mätien / bastant allen feindlichen Anschlägen Trotz zu bieten. War die Hauptstadt einer Graffschafft im 13. und 17ten Seculo, und wolte/ wie die Macht der Ungarischen Könige in Abnehmen gerieth / sich souverain machen / und die Independentz durch eigne Kräffte behaupten/ wurde aber von den Türcken im Jahr 1522. bezwungen / denn sie auch so lange hat pariren müssen/ biß General Foscolo in Begleitung seines ihm beywohnenden Glücks mit einer ansehnlichen Mannschafft im Jahr C. 1646. den Ort zu attaquiren heranrückte / massen bey seiner Anndherung die drin gelegene Türcken / an statt sie Ihn hatten abwarten / und ihrer Ordre gemäß sich als rechtschaffne Soldaten und getreue Musetmänner ein Zeitlang zum wenigsten/ nach Müglichkeit defendiren sollen/ auß Furcht den Ort schon verlassen/ und sich ins Türkische retiriert hatten. Im Zeughauß dieses Orts sind allerhand Orten von grossen Werck- und Rüst-Zeugen / eine starcke Artollerie damit bequemlich fortzubringen / viel tausend Stück-Kugeln/ 8. Stück Geschütz und unter selbigen/eines/so den Nahmen Margarita führt von einer ungemeinen Grösse gefunden / dessen eingegrabne Uberschrifft von Anno 1580. daß es weyland Ertz-Hertzogen Carl von Oestereich zugehört/ zuerkennen gab. Weil aber diese Artollerie durch die ungebahnte bergichte Wege nicht wol könte fortgebracht werden / wurde sie auf allerhand Weise zerstreuet/und ins Wasser/ geworffen / der Ort außgeplündert/ und Feuer hineingelegt / die Militz aber war so unachtsam/daß sie den selbē, wider verließ / ehe die Flammen sonderlichen Schaden an der Festung thaten. Weil also nichts hauptsächliches dran verdorben/ kamen die Türcken bald wider / besserten alles wider auß / und bezogen widrum den Ort/ denen Morlacken/ so selbige Landschafft unbeschreiblichen Schaden zufügten/das Streiffen draus zuverbieten.

An Venetianischer Seite gieng man zwar zu Rathe/wie man dieses Nest wieder

II. Geographiſcher Theil.

der zerſtören mögte/ und rückten zu dem End 6000. Mann mit dem Päbſtlichen Regiment vor den Ort. Wegen Mangels der Pferde/ wurde das Geſchütz und andere Ammunition von den Soldaten fortgeſchlept/ da dann auf ſolche Weiſe der Marſch ſo langſam von ſtatten gieng/ daß die Türcken von dieſem Anſchlag zeitlich Nachricht haben/ ſich dahero um Succurs bewerben/ und in ſo guter Poſtur ſich gemächlich und nach ihrer Bequemlichkeit ſetzen konten/ daß die erfolgte Belägerung nicht allein fruchtloß ablief/ ſondern auch der Venetianer in einem Moraſt gerathene Reuterey und das Fuß-Vock/ ſo ſich nicht das geringſte im Lager verſchantzt hatte/ von 5000. Türcken/ welche den Ort zu entſetzen heranrückten/ elendiglich nieder gemacht wurde/ daß alſo dieſer Ort noch biß auff itzige Zeit unter der Türckiſchen Tyranney ſeufftzen muß. Im Jahr 1684. haben 6000. Morlacken die Feſtung zwar auffgefodert/ aber der drin commandirende Bey war noch nicht geſinnet/ die Flucht

zubringen/ viel tausend Stück-Kugeln/ 8. Stück Geschütz und unter selbigen/eines/ so den Nahmen Margarita führt von einer ungemeinen Grösse gefunden/ dessen eingegrabne Uberschrifft von Anno 1580. daß es weyland Ertz-Hertzogen Carl von Oestereich zugehört/ zuerkennen gab. Weil aber diese Artollerie durch die ungebahnte bergichte Wege nicht wol könte fortgebracht werden/ wurde sie auf allerhand Weise zerstreuet/ und ins Wasser/ geworffen/ der Ort außgeplündert/ und Feuer hineingelegt/ die Militz aber war so unachtsam/ daß sie den selbē wider verließ/ ehe die Flammen sonderlichen Schaden an der Festung thaten. Weil also nichts hauptsächliches dran verdorben/ kamen die Türcken bald wider/ besserten alles wider auß/ und bezogen widrum den Ort/ denen Morlacken/ so selbige Landschafft unbeschreiblichen Schaden zufügten/ das Streiffen drauß zuverbieten.

An Venetianischer Seite gieng man zwar zu Rathe/ wie man dieses Nest wieder

der zerstören mögte/ und rückten zu dem End 6000. Mann mit dem Päbstlichen Regiment vor den Ort. Wegen Mangels der Pferde/ wurde das Geschütz und andere Ammunition von den Soldaten fortgeschlept/ da dann auf solche Weise der Marsch so langsam von statten gieng/ daß die Türcken von diesem Anschlag zeitlich Nachricht haben/ sich dahero um Succurs bewerben/ und in so guter Postur sich gemächlich und nach ihrer Bequemlichkeit setzen konten/ daß die erfolgte Belägerung nicht allein fruchtloß ablief/ sondern auch der Venetianer in einem Morast gerathene Reuterey und das Fuß-Volck/ so sich nicht das geringste im Lager verschantzt hatte/ von 5000. Türcken/ welche den Ort zuentsetzen herangerückten/ elendiglich nieder gemacht wurde/ daß also dieser Ort noch biß auff itzige Zeit unter der Türckischen Tyranney sufftzen muß. Im Jahr 1684. haben 000. Morlacken die Festung zwar auffgefodert/ aber der drin commandirende Bey war noch nicht gesinnet/ die Flucht zu zu nehmen/ derhalben sie die formale Belägerung davon biß zu einer anderen Zeit verschoben.

Unter denen bey diesem KNIN gelegenen Bergen ist einer von ungemeiner Höhe mit Nahmen Monpoliza, dessen Thal hergegen

Valpoliza

genant/ voller schöner Dörffer ist/ und erstrecket sich nach dem Meere hin biß nach

SPALATRO.

Dies ist das uralte Palatium Diocletiani, so itztgenandter Keyser in Dalmatien zum unsterblichen Denckmal seiner Hoheit/ und gewissen Kennzeichen der gegen sein Vaterland getragnen Affection hat erbauen lassen. Der Pallast war viereckigt/ mit hohen Mauren und gantz steinern Thürnen/ kam mit der Pracht der Römischen Paläste gantz überein/ hatte inwendig in seinem Bezirck vier Tempel/ ohne denen andern Zimmern und Lust-Häusern/ so zu Diensst des Keyserlichen Hofes mit unsäglichen

Kisten verfertiget waren. Im sechsten Seculo nach Christi Geburt ist dies vortreffliche Gebäude von den Slaven/ wie auch nach etlicher Zeit die meisten See-Städte in Dalmatien/ unter denen auch Salona verwüstet worden/ derowegen/ als ein reicher Bürger auß selbiger Stadt nach seinem Vorwerg/ so er nicht weit von gemeldtem Palatio hatte sich retirret/ und daselbst seine Wohnung aufgeschlagen hatte/ bewog er allgemach seine anderen Mitbürger/ so in den benachbahrten Insulen zerstreuet waren/ daß sie das Palatium zu bewohnen herankommen mögten/ maßen solches noch fast mit gantzen Mauren umgeben wäre/ und es gar leicht fallen würde/ solches nicht allein zu ihrem bequemen Auffenthalt zu accommodieren/ sondern auch zu ihrer gnugsamen Verthädigung wider neue vorfallende Gewalt zubefestigen. Dieser Vorschlag ward von allen Flüchtlingen mit Danck angenommen/ und mit solchem Eiffer bewerckstelliget/ daß dieser zerstörte Pallast in kurtzer Zeit
eine

eine volckreiche und wol fortificierte Stadt wurd. Die neue Bürgerschafft/ so auß Salona sich dorthin begeben hatte/ erwehlte daselbst ihren Ertzbischof/den sie zu Salona gehabt; Wurde also durch diese Wahl die Stadt zu einem Ertz-bischöflichen Sitz (worin Marcus Antonius de Dominis auch Ertz-bischoff gewesen) gemacht/ und mit der Zeit der Nahme Palazzo in Spalatum oder Spalatro verwandelt.

Das erste Maurwerck/ obs gleich zimlich weitläufftig/ wars doch nach Verlauf einiger Jahren viel zu enge vor die täglich ankommende Einwohner/ derohalben man auf Erweiterung der Ringmauren bedacht war/und die Vorstädte mit hineinzog. Auf einen nah beygelegnen Hügel wurd eine Fortresse mit vier Bastionen angelegt/ welche aber noch nie zur Vollenkommenheit sind gebracht worden/ weil die Festung Clissa, so nicht weit entlegen/ die Passage nach dieser Gegend denen Türcken

gnug-

gnugsam verhindern/ und also zugleich diese Stadt mitbedecken kan.

Sie ligt fast am Ufer des Meers/ hat einen unvergleichlich schönen Hafen/ wo alle Waaren/ so man auß Italien nach der Türckey/ und hergegen auß der Türckey nach Italien spedieret/ müssen außgelegt werden. Daher die Stadt treflich volckreich ist/ und auß der Handlung grossen Nutzen schaffen kan.

Etliche Geographi stehen in den Gedancken/ daß Spalatro die alte berühmte Haupt-Stadt der so genandten Epetiner/ Epetium, sey/ abusieren sich aber weit/ massen die Rudera von gedachtem Ort Epetium, (wie der bekandte Historicus Iohannes Lucius vergewissert) sechs Meilen von Spalatro, da der Fluß Zarnovizza ins Meer sich ergeust/ noch heut zu Tage zu sehen. Nach diesem Fluß wird das nicht weit von gemeldter zerstörten Stadt gelegenes Dorf nach Zarnovizza genennt.

Etwas weiter von Salona ligt ein Ort vor diesem Cremone, nunmehro aber

Grana

Grona

genannt/ allwo der Fluß Cetina, so ehemahls Tillurus hieß/ sich ins Meer ergeust/ wie auch der Nestus, welcher das Orient- und Occidentalische Dalmatien/ dasjenige Theil nemlich/ so mit dem Königreiche Croatien vereiniget war/ von demjenigen/ so Servien hernachmahls ist benennet worden/ scheidete. Dieser Fluß hat seinen Ursprung auf einer nach Norden/ dreissig Meil vom Meer gelegnen See. Die heutigen Geographi setzen zwar auf denen Carten am Ufer selbiger See eine Stadt/ so auch

Cetina

heissen soll/ doch geschicht in denen Autoribus gar keine Meldung davon/ wens nicht ist das von den Alten genannte Assisia/ welches Ortelius in vorbeschriebener Gegend/ wie es scheint/ locirt/ wiewol andere davor halten/ daß Assisia/ sey das heutige

Yvonigrad,

so dreissig Meilweges von Sebenico, in

Boßnien/ unter Türckischer Botmässigkeit, gelegen.

BAGNALUCA

zu Lateinisch Vameluca und Banealucum ligt an selbigem Fluß Cetina, etliche Meilen von dem Ort da derselbe entspringt/in Boßnien. Sie war weyland davon die Hauptstadt/ und Residentz der Banen von selbiger Provintz; Seither aber die Bassen/ so an der Banen Stelle gekommen/ zu Serraio ihren Sitz auffgeschlagen/ist diese Stadt Banialuck ihrer vorigen Nahrung/ so sie wegen Zulauffs vieler Leute hatte/ verlustig/ und halb unbewohnt worden.

Noch viel andere schöne Plätze befinden sich am Ufer dieses Flusses/ unter welchen eine mit von den vornehmsten ist

CLIVANO,

welche allem Ansehen nach/ nicht sonderlich alt seyn muß/ massen man gar keine Nachricht bey denen Scribenten davon findet. Sonst hat sie vormahls bey die dreytausend Feurstätte gehabt/

und grosse Handlung getrieben/ ist trefflich bequem/ und in einer überaus fruchtbahren Gegend gelegen/ um welcher Ursachen willen auch der Bassa von Bosnien allhie das meiste Proviant in denen letzten Kriegen zusammen bringen ließ/ auch selbst zum öfftern an diesem Ort sich auffhielt.

Anno 1686. im Monat Julio vernahm General Cornaro durch geheime Correspondentz/ das daselbst 500. Spahi/ und ungefehr 1000. Semenen (welche Soldaten sind/ so auß selbigem Lande geworben) sich versammlet hatten/ und resolviert waren einen Streiff in den Staat von Venedig zu thun/ weßwegen höchstgemeldter General aus erfahrner Vorsichtigkeit mit Beyhülffe des Extraordinair Proveditеurs über die Cavallarie in Dalmatien Paolo Michiel (welcher bald darauff zu Zara seinen heroischen Geist auffgegeben/ und Herren ANTON ZEN zum Nachfolger in seiner Chargen bekommen) und einer guten Anzahl tapferer Morlacken seine Trouppen

pen nach der Stadt Conlco rücken ließ/ den Feind entweder plötzlich zu überfallen/ und gefangen zu nehmen/ oder in die Flucht zu schlagen. Zu welchem Ende denn die Venetianer bey dunckeler Nacht über den Fluß Cetina setzten/ und bey anbrechender Morgenröthe sich bey diesem Orte sehen liessen; die Türckischen Spahi so wol als die Semenen thaten hierauf einen verzweiffelten Außfall/ und entstand zwischen beyden Partheyen ein blutiges Gefechte. Weil aber die Türcken das unauffhörliche Feuer-Speien der Venetianer nicht ertragen/ noch ihnen gnugsam wiederstehen konten/ wolten sie ihnen lieber den Rücken alß das Gesichte länger weisen/ flohen derohalben/ etliche ins Feld hinein/ etliche aber auf die nechstbeygelegne Berge/ daß also die siegenden Venetianer Zeit und Gelegenheit bekamen/ den Ort nicht allein ohne Wiederstand einzunehmen/ sondern auch 240. Kram-Läden und alle Häuser drinnen außzuplündern. Alß solches geschehen/ setzten sie Vulcanum drüber zum Herren/
da

da denn alles ruiniert/ und viele von den Einwohnern/ so lieber verbrennen/ als sich den Venetianern ergeben wolten/ im Feuer umbkommen. In vorerwehntem Scharmützel sind über 400. von denen Türcken geblieben/ und viele von ihnen zu Leibeigenen gemacht worden. Die Venetianer hergegen sind mit reicher Beute zurück gekommen.

ALMISSA

ligt Ostwerts 40. Meilen von Salona, allwo der Fluß Cetina sich ins Meer ergenst/ und ist berühmt wegen seiner verschiednen Stände. Es vermeinen etliche/ daß Almissa das alte Pegurtium gewesen/ wiewol der gelehrte Baudrand scheint einen Unterscheid zwischen diesen Oertern zu machen/ wie er dann auch noch eine andere Stadt/ so Dalmissum oder Dalmasium, und in Slavonischer Sprach/ Omisch heissen soll/ in eben derselbigen Gegend setzet; Man findet aber bey keinem Autore, daß allda ein andrer Ort/ als Almissa soll gelegen seyn. Es ist numehro nichts anders/ als nur bloß

ein

II. Geoprabischer Theil.

ein kleines Castell/ so sich von der Republic Venedig muß Gesetze vorschreiben lassen; Welches auch/ der Meinung des vorgemeldten Geographi zu wieder/ als der da schreibt/ daß es unter Türckischer Botmäßigkeit stehe.

Almissa ist wegen ehemahls verübter Seeräuberey bekand worden; Denn alß im 13. und 14tem Seculo um die Cron Ungarn sich unterschiedliche bewurben/ gerieth alles in Unordnung. Die Städte/ so unter Protection der Banen waren/ dominierten nach ihrem Gefallen/ und führten Krieg auß eigner Autorität wie Souveraine Staaten. Die Almissaner aber/ weil sie mit ihrem Bag die Beute/ so sie aufm Meer bekamen/ partagierten/ trieben frey und ungehindert die See-räuberey/ weßwegen auch nachgehends ihre Stadt von denen auß Trau mit Beyhülffe der Venetianer/ welche gleichfals unsäglichen Schaden von jenen Corsaren erlitten hatten/ belagert/ mit stürmender Hand erobert/ außgeplündert und ruiniert worden.

Von

Von welcher Zeit an sie sich nicht wieder hat erholen können/ besonders nachdem die Türcken alß rechte Land-verderber in dies wegen solcher bösen Nachbahren unglückliche Reich ihre Regier- oder vielmehr Tyrannisierung eingeführt haben.

Cluzzi

oder Chucci, bey den Alten Æquum genannt/ liegt auch in dieser Gegend nach Norden hin/ 21. von Salona, und 50. Meilen von Ragus zwischen diese beyden Städte.

Sidrona

oder Stridon ist die Geburt-Stadt des S. Girolami, von welcher er schreibt/ daß sie nah an die Ungarischen Gräntzen/ nemlich in denen Gebürgen/ so Dalmatien von Pannonien scheiden/ sey gelegen gewesen/ sie ist aber von den Gothen gleich anfangs/ so bald sie in diesen Ländern angekommen/ niedergerissen worden. Begibt man sich sonst von gemeldten Oertern nach dem Meere hin/ bekömt man die schöne Forteresse

Duare

Duare

ins Geſichte; Selbige ligt nicht weit von Almiſſa, in der Enge Rodobiglia, nah bey offtgedachtem Fluſſe Cetina, auf einem hohen Berg.

Im Jahr 1646. unter dem Generalat Leonardi Foſcoli iſt dieſer Ort von den Venetianern erobert/ aber nicht lang drauf ihnen von 10000. Türcken wider genommen/ und die gantze Beſatzung niedergeſäbelt worden. A. 1652. hat ihn General Girolamo Foscarini, weil die Seinigen von denen drauß ſtreiffenden Türcken groſſen Überlaſt erlitten/ aufs neue belagert/ und alß er die 3000. Mann/ ſo den Ort zuentſetzen herangekommen waren/ zurückgetrieben/ glücklich bezwungen.

Nachgehends hat man dieſe Feſtung/ weil ſie viele Unkoſten und eine ſtarcke Beſatzung/ ſolche wider der Türcken Anfall zu behaupten/ erfoderte/ ihrer Fortification entblöſt/ iſt aber einige Zeit hernach von den Türcken/ die ſtreiffende Morlacken drauß zu bändigen/ wider

zu

zu vorigem Stand gebracht worden/ und unter ihrer tyrannischen Herrschafft/ welche von Almissa an biß ans Ragusische sich erstreckete/ biß ins Jahr 1684. geblieben. Denn sobald sich damahls die Durchleuchtigste Republic Venedig in eine heilige/ durch eifferige Bemühung des itzt höchstlöblich gouvernierenden Pabstes Innocentii XI. beförderte Ligue, mit Röm. Keyserl. Majestät und der Cron Polen wieder den Türckischen Keyser Mahomet den IV. eingelassen/ und diesem allgemeinem Feind den Krieg angekündiget hatte/ war diese Stadt die erste/ so des Türckischen Capo-Zauns entlediget/ und der gelinden Regierung der See-Königin zinßbahr gemachet wurde.

Im folgenden Jahr 1685. haben die Türcken diesen Ort zweymal wieder belägert/ sind aber jederzeit vom General Valier und dem General über die Cavallerie Michieli mit grossem Verluß der Ihrigen/ auch Hinterlassung vieler Artollerie/ Fahnen und anderer Bagage die

Be-

Belägerung auffzuheben gezwungen/ und in der Flucht von den Morlacken tapfer verfolget worden/daß also Duare noch biß auff den heutigen Tag mit Venetianischer Besatzung versehen ist.

In obgemeldten Jahr 1684. ist gleichfals das Fort

Opus

von der Venetianer Macht bezwungen worden. Selbiges ligt auff einer kleinen Insul gleiches Nahmens/ in Figur eines Triangels/ welche der Fluß Narenta macht/ indem er mit zwey Armen in den Gulfo fliesset. Hiedurch gerieth auch das herumligende Land unter Venetianische Contribution, und thut solches numehro dem Türcken allen müglichen Abbruch. Sonst ist in dieser Gegend kein anderer Ort mehr von einiger Consideration/ als allein

NARENTA

welche eine sehr berümhte Stadt ist/nicht allein wegen ihrer heutigen Fortification/ sondern auch der Macht/ und Verwegenheit ihrer ersten Einwohner/ welche mit sol-

solcher Gewaltthätigkeit auffm Meere herum hauseten/ daß alle Städte in Dalmatien / auch die Republic Venedig selbst zusehen muste/ daß ihre Kauffleute/ 170. Jahre durch/ damit sie mit ihren Schiffen durch den Gulfo frey passiren mögten/ jenen Corsairen einen jährlichen Tribut zu reichen genöthiget wurden.

In uralten Zeiten hieß diese Stadt Naro, Narona und Narbona. Ist gelegen an dem Fluß Narenta, wovon sie ihren Nahmen bekommen / nicht weit von dem Ort/ da gedachter Fluß in einem Golfo gleiches Nahmens sich ergeust/ hat also nur zu gebieten über einen Thal/ der aber über dreßig Mei wegs lang ist/ auch etliche Monaten im Jahr von gemeldtem Flus befeuchtet/ und über alle maßen fruchtbahr gemachet wird. Dahero auch zu vermuthen/ daß um solches Vorzugs willen/ so diese Gegend vor andern von der gütigen Natur geneust/ Narenta in denen alten Zeiten sey zur Haupt-Stadt von Dalmatien gemachet worden/ allwo die Deputierten der andern denn Städte zusammen kamen sich wegen des Reichs Angelegenheiten zu berathschlagen.

Zu Ciceronis Zeiten war Narenta eine von den mächtigsten Städten und besten Festungen/ wie auß des Varinii Schreiben/ welches im fünfften Buch des Ciceronis Epistolarum Familiarium befindlich/ zu ersehen/ worin derselbe avisiert/ was für Mühe es ihm in Eroberung dieser festen Stadt gekostet.

Im übrigen ist sie auch eine vor denen Städten/ nach welche die Römer/ alß sie das gantze Reich Jllyrien unter ihre Devotion gebracht/ Colonien hingesandt haben/ und ist dieselbe vom Diocletiano vor andern absonderlich geschützet worden. In folgenden Zeiten hat sie ihren eignen Regenten gehabt/ so von den Dalmatischen Königen nicht dependieren wolte/ sich auff Kapern begab/ und sehr langsam war in Annehmung der Christlichen Lehre/ massen er sich nicht eher dazu bekante/ alß im eilfften Seculo, da der Keyser auß Orient Basilius

lius sich eines Theils vom Morgenländ-
ischen Dalmatien bemächtigte, und
zugleich der Narentner Bekehrung be-
förderte/ welche darauf fein still zusammen blieben/ und alles/ was dem Reiche
zustossen mögte/ mittragen halffen.

Nachdem also gantz Narenta mit
ihren Unterthanen zur Christlichen Religion sich bekehrt/ hatte sie auch die Ehre/
das sie zu einer unter das Ertzbisthum
Ragusa gehörigen Bischöflichen Stadt
gemacht wurde, von welcher Stadt
Ragus sie 30. Meilen Nordwerts gelegen. Ihr Bischoff wurd genannt Il
Vescovo di S. Stefano, weil die Thum-
Kirche selbigem Heiligen gewidmet war/
Sie führte auch aufs letzte den Titel eines Fürstenthums mit Nahmen Chul-
mia, wovon sich einige Könige in Dalmatien absonderlich geschrieben. Heut
zu Tage wird diese Landschafft das Für-
stenthum Herzegovina, oder das Hertzogthum di S. Saba von einem so genandten Heiligen/ der darinnen begraben
ligt/ tituliert/ wiewol dieses biß an Bosnien

nien sich erstrecket/ und unter dessen Provintzen auch mitgerechnet wird.

In der letzten Carten von Dalmatien/ so zu Rom gedrucket worden/ ist Narenta von ihrer rechten und gewöhnlichen Situation mehr alß 40. Meilen abgelegen/ und in ihre Stelle die Festung

Norin

gesetzt. Dies ist der veste Thurn/ so ehemals der Thurn Nero, weil er von selbigem Römischen Keyser soll erbauet seyn/ ist genennet worden. Ligt nicht weit von der Stadt Narenta, und wird von selbigem Flusse auch benetzet. Im Jahr 1684. muste auff diesem Thurne der halbe Mond dem Creutze Platz machen/ und wurde derselbe vom General Valier, um das Außlauffen der Türcken zuverhindern/ noch mehr befestiget.

Was sonsten den offtgenanten Fluß Narenta betrifft/ hat derselbe seinen Ursprung unterhalb Zelenzora und Viscut, ist die Gräntze der Landschafft Primorge,

Y

und

und der vornehmste Fluß in Dalmatien nimmt viel andere Ströme in seinem Schoß/ deßwegen er auch sehr starck und breit wird/ bekömt aber nicht eher den Nahmen Narenta, als da die zwey Flüsse Visera und Trebisat hinein fließen/ und ihnen gewaltig außbreiten. An dem ersten Fluß Visera genant/ der in den Boßnischen Bergen entspringet/ ligt

Cognitz

eine Stadt von zimlicher Consideration (wiewol etliche Geographi meinen/ es lige hieselbst die Stadt/ Cluzzi, sonst Æquum Antonini genant) imgleichen

Mostar,

eine unvermaurte/ 40. Meilen von Narenta gelegene Stadt/ so vor alters Saloniana Ptolomæi hieß/ und über 1000. Häuser hatte. Daselbst ist noch auf den heutigen Tag ein Bischöflicher Sitz und eine steinerne Brücke/ so von den Römern soll erbauet seyn. Es sind aber diese beyden Oerter, dem Groß-Türcken unterworffen.

II. Geographischer Theil.

In der Gegend / da obgemeldte Flüsse ihren Courß haben/ ligen auch noch die Türckischen Festungen

Citluch, und Gabella

oder das Zollhauß/ welches dahero selbigen Nahmen bekommen/ weil vorzeiten allhie der Saltz-Zoll von der Republic ist eingefodert worden/ wie auch

Vergouaz

und noch etliche andere Städtgens von schlechter Consideration. Wir wenden uns derohalben wieder nach dem Meere hin/ und besichtigen numehro so

RAGUSA,

so von den Slavoniern und Türcken Dubrounich oder Dobronicka benennet wird. Dieses ist ein Ertz-Bischöfflicher Sitz/ die Haupt-Stadt einer kleinen freyen Republic/ die gleichen Nahmen führt/ und eine Welt-berühmte Handel-Stadt/ 20. Meilen von Castelnouvo an einem lustigen Ort zwischen Berg und Meer/ gelegen. Ist von denen Einwohnern

nern auß Epidauro (wovon die Ruinæ noch heut zu Tage unter dem Nahmen Ragusi vecchio zu sehen) als selbige Stadt zerstöret war/ auff der Spitze eines Felsen Lau genant/ erbauet/ welcher dieser Stadt den ersten Nahmen Lausium, so mit der Zeit in Ragusium ist verändert worden/ gegeben. Sie ligt unten am Berge Bergatti/ und ist nicht allein an sich selbst ordentlich fortificirt/ und mit starcken Ringmauren versehen/ sondern hat auch ausser der Stadt das feste Schloß S. Laurentz genant/ welches zwar nicht groß doch sehr bequem ist/ sich/ die Stadt/ und ihre Haven auf beygelegener Insul Lacroma hauptsächlich zu defendiren. In selbige Cittadelle soll täglich ein neuer Commendant/ und zwar mit verbundenen Augen geführt werden. Einige wollen/ daß wann noch ein anderes vastes Castell auff den nicht weit davon gelegnen Felsen Chiroma genant/ erbauet würde/ dieser Ort unüberwindlich wäre.

Der oberste Regent dieser Republic wird Rector tituliert/ ohne dessen Einwilli-

II. Geographischer Theil. 341

willigung/ kein Schluß kan gemachet werden/ maſſen er das Haupt iſt des groſſen und kleinen Raths/ ſeine Regierung wäret aber nicht länger als einen Monat.

Allhier fängt man an eines jeden Alter nicht von der Zeit ſeiner Geburt/ ſondern ſeiner Empfängnis zu rechnen. Die Einwohner faſt alleſamt treiben die Kauffmanſchafft/ und verfertigen allerhand Sorten ſchöner manufacturen/ welche weit und breit verführet werden/ leben ſchlecht/ und machē gar keine Ceremonien unter einander. Niemand darff unter ſie ſeidne Kleider tragen/ wenn er nicht Rector/ Doctor oder ein Patricius iſt/ und eine Jungfrau/ nicht Hochzeit hält. Viele unter ihnen ſtudieren/ und erhält in dem Ende der Senat noch ſeine Schulen. Ihre gemeine Sprache iſt Slavoniſch/ reden aber faſt alle auch Italiäniſch.

Es befinden ſich im Raguſiſchen viele Spring-Brunnen/ und kleine Ströme ſo in den Bergen entſpringen/ und gantz

P 3 Das-

Dalmation bewässern; Sonderlich ist ein Thal nicht weit von der Stadt Ragusa/ drinnen zu Winters-Zeit so viel Wassers zusammen fleust/ daß eine grosse See darauß wird/ welche so fette Fische zeugt/ daß man sie in ihrem eignen Fette kochen kan; Gegen den Frühling aber vertrocknet dieselbe/ und wird allerhand Getreyd drein gesäet/ welches gantz geschwinde reiff wird/ so/ daß man daselbsten bald erndten kan/ wo man kurtz zuvor gefischet. Sonst das übrige Land dortherum ist gar unfruchtbahr/ fast lauter Stein und Felsen/ so gar daß wenn bey ihnen etwas wachsen soll/ gemeiniglich die Erde anderswoher muß geholet werden.

Vor diesen haben die alten Parther das herumligende Land bewohnt/ sind aber zu des Augusti Zeiten vom triumphirenden Pollione überwunden worden. Nachgehends ist es unter das Gebiet der Könige übers Morgenländische Dalmatien/ mit begriffen gewesen/ als aber derselben Macht immer schwächer wurde/ welches geschah ungefehr mitten im 13tem

Se-

Seculo, gerieth Ragusa in die Hände des Tyrannen Damiani Judæ, und be mit sie von dessen grausahmern Regiment befreyet und hinfüro mögte verschonet bleiben/ ergab sie sich freywillig an die Herrschafft von Venedig/ und wurd von derselben biß ins Jahr 1358. gouverniret/ da selbige Republic nicht allein diese/ sondern auch alle andere Städte in Dalmatien dem König Ludwig von Ungarn gegen Wiedereinräumung der von ihm eingenommener Treviser Marck außfolgen ließ. Nachdem aber dem Röm. Keyser und Ungarischen Könige Sigismundo zu Ende seiner Regierung kein günstiges Kriegs-gestirn mehr schimmern wolte/ faſsete Ragusa den Muth/ sich mit dem herumligenden Lande in Freyheit zu setzen/ wobey sie mit sonderbahrer Fürsichtigkeit und guter Ordnung im Policey-Wesen/ bißhero sich maintenirt haben. In Betrachtung aber/ daß sie von des Türcken Gebiet Landwerts allenthalben umringet ist/ sahe sie wol vorher/ daß sie desselben Macht/

P 4 und

und grimmigen Anfällen sättsam zu wiederstehen nicht vermogte/ willigte derohalben im J. 1416. dem Türckischen Keyser Amurath II. welcher allen herumligenden Plätzen sein Joch auffgebürdet hatte/ ein/ daß sie der Pforten einen jährlichen Tribut von 12. tausend Ducaten zahlen wolte/ damit sie in Ubung der Röm. Catholischen Religion/ wozu sie sich bekennet/ und ihrer Freyheit nicht gestöret würde.

Weil nun die Raguser solchen Tribut jährlich nicht allein richtig abstatten/ sondern auch noch dazu wol so viel dem allda residirendem Bassen/ und andern Türckischen Beammten alle Jahr spendiren/ geniessen sie auch nach ihrem Verlangen ihrer völligen Freyheit so geist-und weltlichen Sachen; Ja weil die Türcken allerhand nöthige Waaren von ihnen bekommen können/ haben die aus Ragusa noch andere absonderliche Freyheiten/ werden vor andere Christen von den Türcken sehr geliebt und werth gehalten/ dürffen weit und breit herumhandhandlen/ und sind überall in den Türckischen Ländern Zoll-und aller Aufflagen frey/ auch haben sie unter die Türcken selbst biß 10. Colonien von ihren Leuten/ die ihr freyes Exercitium Religionis, und andere absonderliche Privilegia haben.

Im Jahr 1667. betraff diese Stadt ein mitleidentlicher Zufall/ indem der fast gröste Theil derselben durch ein erschreckliches Erdbeben ruinirt wurde; sie ist aber durch Emsigkeit der Bürger/ die keine Köste in Ergäntzung ihrer zerfallenen Gebäuden spareten/ noch schöner/ als sie zuvor gewesen/ wider aufferbauet worden/ und hält sich nunmehro durchgehends statlich und nach Proportion ihres Vermögens.

Die Stadt Ragusa ist an sich selbst nicht sonderlich groß/ dahero desto bequemer/ in Zeit der Noth sich zu defendiren/ doch ist sie von außwendig mit schönen und grossen Vorstädten umgeben/ daß sie dannenhero so volckreich ist/ als eine seyn mag.

Ungefehr drey Meilen von der Stadt/ da der Fluß Ombla ins Meer sich ergeust/ ligt ihr bester See-Haven di S. Croce, Portus Agravonitarum, numehro Gravosa genant/ und Abendwerts der grosse Port von Ragus/ worinnen die Galeen und grosse Kauffardey-Schiffen einlauffen. Das Gebiet dieser Republic erstrecket sich nicht viel über 100. in die Länge/ und 25. Meilen in die Breite/ doch sind in demselben noch unterschiedliche Städte. Es gehören dazu/ die halbe Insul/ so ins Meer gehet/ und auf derselben/ Sabioncello, imgleichen die Insulen Meleda, Curzola, Agosta und Catzire.

Im Jahr 1686. vernahm auch diese Republic die erwünschte Zeitung/ daß die Ungarische Haupt-Stadt OFEN denen Keyserlichen numehro offen stünde/ und sahe so viele Benachbahrten von den Türckischen Banden erlöset/ nahm derohalben/ auß Hoffnung einer gleichen Veränderung/ zu Ihro Röm. Kayserl. Majestät ihre aller-unterthänigste Zuflucht/

II. Geographischer Theil.

flucht/maſſen ſie auß alten Urkunden darthun könte/ daß ſie denen Ungariſchen Königen zu einem jährlichen Tribut 600. Ducaten ehemals gereicht/ und 14. Edelknaben unterhalten und verpfleget. Höchſtgedachte Keyſerliche Majeſtät haben darauff dieſe Republic allergnädigſt unter dero mächtigſte Protection genommen/ und bey Ereignung eines Frieden-Schluſſes mit denen Türcken/ ſie von derſelben Einfall zu befreyen verſprochen. Sie hergegen verpflichtete ſich den zuvor nach der Pforten gelieferten Tribut jährlich zu Wien hinfüro zu entrichten/ und auff ihre Koſten den Keyſerlichen Reſidenten/ wozu der Herr Obriſt Coradin ernennet/ und nach Raguſt abgefertiget ward/ zu unterhalten. Zu zeigen nun/ daß es ihnen ein Ernſt wäre/ haben die Raguſier einen Einfall ins Türckiſche gethan/ ſolches/ als ihres Feindes Boden feindlich tractirret/ und ſich in gute Poſtur wider allem Anfall geſetzet. Durch dieſe Zeitung wurde ROM dermaſſen vergnügt/ daß auch denen Raguſern

auß

auß der Päbstlichen Kammer eine grosse Quantität Getreydes verwilliget, und außgeliefert wurde. Dreissig Meilen von Ragusi nach Westen hin ligt

STAGNO

zu Lateinisch Stagnum am Strande desselbigen Meers/ ist zwar gar eine kleine/ doch volckreiche und wol fortificierte Stadt/ ein unter das Ertz-Bisthum Ragusi gehöriger Bischöfflicher Sitz. Ligt nach etlicher Geographorum Meinung/ beym Eintritt der Halbinsel Hyllis, welche von Stagno an biß ans Vorgebürge/ Oneo, oder Capo. Cumano genant/ sich über 30. Meilen zwischen die Insulen Makeda, Curzola und Lesina erstrecket.

Sabioncello.

ist/ wie fast auß allen Land-Carten zu sehen/ eine auf der Ecke vorgedachter Peninsel gelegene Stadt.

TREBIGNA,

von den Lateinern Tribulium, Tribunium, und Tribunia genant/ ist eine considerable Stadt/ ligt am Flusse Trebinska, 16. Meilen Nordwerts von Ragusa/ dessen

dessen Bischoff Suffragant ist des Ragusischen Ertz-Bischoffs. Sie ist in alten Zeiten die Haupt-Stadt einer Provintz gewesen/ so den Königen des nach Mittag gelegnen Dalmatiens parieren muste/ und hieß Tribunia.

Heut zu Tage ist dieser Ort noch unter Türckische Botmässigkeit/ und muste dem Bassen oder Gouverneur von Castelnuovo gehorchen. Fast alle Geographische Carten schliessen ihn ins Ragusische Gebiet/ ob er wol länger als vor hundert Jahr dem Türcken ist zugehörig gewesen.

RAGUSI VECCHIO,

Alt Ragusa ist numehro nichts als ein geringes Dorff/ war weyland die bekandte Stadt Epidaurus, so 430. Jahr nach Zerstörung der Stadt Troia, um die Zeit der Erbauung der Stadt Rom, oder/ wie einige schreiben/ zu Mosis Zeiten erbauet/ von den Seythen aber unter Regierung des Keysers Valeriani im Jahr 265. und Probi, im Jahr 283. auffs neue zerstöret worden/ nach welcher

her Zeit sie nicht wieder zu sich selbst hat kommen/ noch ihre Häuser wieder ergäntzen können.

Verläst man nun ferner das der Republic Ragusi zugehörige Gebiet/ kömt man ins Türckische/ welches sich zimlich weit in Dalmatien biß ans Meer erstreckt/ da sich dann alsofort am Ufer **Groß- und klein Melanto,** so Städte von keiner Wichtigkeit sind/ präsentieren/ von dar man aber nach etliche wenig Meilen an den Golfo di Cattaro kömt/ bey welchem herum unterschiedliche importante Oerter sind gelegen.

Der Golfo di Cattaro hieße bey den Alten Rhisonicus Sinus, von Rosa, Rosanum, oder Rhisinum, welches ist das heutige

Risano

so bey dem Polybio, Rhizon heisset/ und ehemahls ein unter das Ertzstifft Ragusen gehöriges Bistum gewesen/ welches folgender Zeit nach Castel nuovo ist verlegt worden. Ligt an dem eussersten Theil

Theil des gedachten Golfi di Cattaro zur lincken Hand/ wenig Meilen von der Stadt Cattaro, hat eine zimliche Vorstadt/ und auf einem hohen Felsen ein fast ersteigliches Castell.

Im Jahr 1583. und 1649. ist dieser Ort von den Venetianern denen Türcken abgenommen/ alß aber der Krieg in Candia seine Endschafft erreichet/ bey der Gräntzscheidung ihnen widereingeräumet/ bey neulicher Empörung aber der Morlacken unter Herren General Mecenigo von den Einwohnern verlassen/ und auffs neue der Adriatischen See-Königin eingeliefert worden.

CASTEL NUOVO

die Haupt-Stadt des Hertzogthums Herzegovina, ligt am Ufer des Cattarischen Golfi/ in Respect des Meers/ gegen Morgen hin. Ist eine Festung von grosser Importantz/ mit starcken Mauren und vesten Thürnen versehen/ und deßwegen von den Türcken mit grosser Sorgfalt jederzeit verwahret/ seither sie bey

Der Vorstellung Dalmatien
bey Einnehmung von Bosnien/ in ihre
Hände gerathē. Ist nicht neu/ wie man
auß dem Nahmen schliessen mögte/ sondern 1373. von Steph. Tuartko Rassi-
schem Könige erbauet/ 1539. aber von
der Keyserl. Päbstl. und Venetianischen
Armee/ deren Principalen/ des Soliman
grosse Progressen zu hemmen/ sich con-
jungiert hatten/ belagert/ endlich glücklich gewonnen/ und 400. Spaniern zu
verwahren anvertrauet worden. Die
Republic Venedig hatte verhofft/ ihr
würde der Besitz dieses Orts/ so ihr wegen ihrer anderen See-Städte treflich
wol anstunde/ seyn zugeeignet worden/
nach dem sie aber bald darauf mit der
Porten Friede gemacht hatte/ bemühete
sie sich nicht sonderlich/ dieses Postes
habhafft zu werden/ und solches zu ihrem
grossen Glück/ massen die Spanier/ daß
sie diesen Ort behalten/ hernacher mit
ihrem grossen Schaden theur gnug ent-
gelten musten/ denn die Türcken nicht
lange hernach mit 90. Galeren und 30.
Justen in dem Golfo von Cataro einlief-
fen

II. Geographischer Theil

fen/ und mit 80. Stück Geschütz denOrt wider belagerten. Die Spanier thaté zwar mit vielem Außfalle ihr bestes/ doch solchem ungeachtet kamen die Türcken mit stürmender Hand in die Stadt hinein/ und machten sie alle danieder.

Im Jahr 1572. nahmen sich die Venetianer/ dies Castel nuovo wieder zu gewinnen vor/ allein da sie in dem Golfo di Cataro anlangeten/ wurden sie von den Türcken mit einer so unfreundlichen Salve bewillkommt/ daß sie ihre gefaste Hofnung/ den Ort zu emportieren/ musten schwinden lassen/ biß ins nunmehro verstrichene 1687 te Jahr/ da sie den 30. Septemb. unter Haupt-kluges Commando des Capitain Generals Cornaro diesen Ort samt der gegen Mitternacht 650. Schritt davon gelegenen Ober-Festung Cornigrad durch Hülffe der Morlacken/ Albaneser/ und Bayreutischen Völcker nach einer 4. wochentlichen mühsamen Belagerung und starckes Bombardiern, par Accord überkommen/ und 57. metallene Stücken/ allerhand

Pro-

Proviant und Kriegs-Ammunition darinnen gefunden.

CATTARO

ist das alte Ascrivium, eine unter das
Ertzstifft Bari in Apulien gehörige Bi-
schöffliche Stadt/ so ehemahls dem Ertzbischof zu Ragusa parieren muste. Alß sie
noch zum Königreiche Servien/-oder
Morgenländische Dalmatien gerechnet
wurde/ ist sie im J. 1366. von Ludwig
König in Ungarn dem Könige Tuartkoi
11. Jahr hernach jenem/ der sich mit den
Genuesern verbunden hatte/ von den
Venetianern/ genommen/ auß geplün-
dert und eingeäschert worden/bey Regierung aber Königs Sigismundi, der nebst
dieser auch die meisten Städte in Dalmatien verlor/ von Tuartko wiederauf-
gebaut worden. Diese Stadt ist gleichfalls in Händen Königs Ladislai gewe-
sen/ welcher von denen Rebellen zur Ungarischen Cron beruffen/ und in etlichen
Städten des Reichs/ absonderlich in
dieser/ alß König verehret worden.
Wie er aber des übrigen sich nicht be-
mäch-

II. Geographischer Theil.

mächtigen kunte/ so wurde er auch des schon erworbenē wider verlustig/ und bekam Sigismund seine Städte wider/ von denen die Venetianer im J. 1418. ihm Cattaro wegnahmen; welches auch in deroselben Gewalt nach unterschiedlichen Kriegs-Veränderungen biß auf den heutigen Tag ist geblieben.

Sie hat starcke Mauren und eine auf einen erhabenē Hügel erbautes Schloß/ ist ausser dem auch von Natur fest/ weil man ihr wegen der vielen Berge/ rauhen Wegen/ und engen Clausen zu Lande nicht wol beykommen kan. Ligt von Castel nuovo 18. welsche Meilen. Unter ihr Gebiet befinden sich ungefehr 20. Dörffer; Weil aber fast das gantze umligende Land noch unter des Türcken Botmässigkeit stehet/ ist leicht zu erachten / daß bey Krieges-Zeiten das jenige so der Republic Venedig zugehört/ fast für verloren zu schätzen sey/ absonderlich da sie vor Eroberung der Festung Castel nuovo keinen Succurs in den Golfo von Cattaro bringen kunte.

Sol-

Solchem allen aber ungeachtet / haben die glücklichen Waffen der siegenden Venetianer in diesem so weit abgelegenem Stuck Landes nach letzter Anfündigung des Krieges und geschlossener Tripel-Alliantz nicht allein Risano und hernachmahls Castel nuovo mit ihren Schlössern obenerzehlter massen bezwungen / sondern auch mit Eroberung der zwo zimlich considerablen Plätzen

Perasto und Pastrovichio
ihre Herrschafft erweitert / davon jene nahe am Meer gelegen / diese aber zwischen Cataro und

BUDOA.
Dis ist noch eine andere Stadt von Importantz und die letzte / so dem Staat von Venedig in Dalmatien unterthänigen Gehorsam leistet / ist derohalben trefflich befestiget und mit grosser Sorgfalt von der drin ligenden Venetianischen Besatzung verwahrt. Hat ein schönes nicht weit entlegenes Schloß S. Stefano genant / wovon sie hauptsächlich kan defendiret werden. Bey den Lateinern wird

II. Geographischer Theil

wird sie Butua benamset/ hat einen Bischöflichen Sitz/ so unter das Ertzbisthum Antivari gehöret/ und ehemahls gar viel von den wütenden Normännern/ Griechen und Türcken außstehen müssen. Ist 10. von Antivari, und 30. Meilen von Scutari gelegen. Im Jahr 1667. ist sie eben wie Ragusa durch ein starckes Erdbeben zerschüttert/ und fast gantz ruiniert worden. 1686. berühmte sich der hochmütige Soliman Bassa von Scutari, daß er dieser Stadt das Türckische Joch ohne Fehl auffbürden wolte/ rückte derohalben mit 10000. für den Ort/ wurde aber vom General Cornaro, der von diesem Anschlag zeitliche Nachricht erhielt/ und mit seinen Galeren ankam/ zu zweyen unterschiedlichen mahlen mit grossem Verlust der Türcken von dieser Festung zu weichen gezwungen/ daß sie also noch biß anitzo in Venetianischer devotion beständig ist.

Sansons Land-Carten haben ausser dieß Budoa am Meer noch ein anders Butua genant nicht weit vom Fluß Boiana na auf Türckischen Boden/ und zweymal Risano mit den Nahmen Roxa oder Rosa, und Rifino unterschieden/ eben wie auch Ortelius in zwo nicht weit entlegnen Stellen auß Risano zwey Oerter macht/ und solches einmahl Rhizo und Rhizinium, und hernach Rhizana nennet/ da doch in der That nur ein Budoa und Risano in der von uns beschriebenen Gegend gelegen/ denen alle obgemeldte Beynahmen zugleich zukommen.

ANTIUARI
ist eine hauptsächliche Festung auf der Spitze eines Felsen/am Meer/ eben weit von Budoa und Dulcigno, nemlich zehen Meilen/ gelegen. Zum Unterscheid der ihr recht gegen über in Apulien gelegnen Stadt Bari ist sie Antivari, und zu Lateinisch Antibarium benennet worden hat den Titel eines Ertzbisthums/ so zu den Zeiten der ersten Dalmatischen Könige in grossen Ansehen stunde/ alß dessen Ertzbischof der vornehmste Prälat vom gantzen Reiche war. Nachgehends alß die Macht der Könige in Dalmatien zu
fallen

fallen anfieng/ ist sie in die Hände der
Königlichen Republic Venedig gera-
then/ und im Jahr 1538. von den Türcken vergeblich attaquiert worden/ massen die drin ligende Besatzung sich nicht
allein tapfer hielt/ sondern auch ein Venetianischer General den Ort zu entsetzen ankam/ und die davor liegende Tür-
cken/ eine schänd- und schädliche Flucht
zu ergreiffen nöthigte. Doch ist sie nach
Verlauff einiger Zeit dem Türckischen
Bluthund noch in die Klauen gefallen/
woraus sie vom General Foscolo, der sie
im Jahr 1648. eine Zeitlang belagert
hielte/ nicht konte gerissen werden/
auch nachgehends unangefochten darin verblieben.

DOLCIGNO

von den Lateinern Olchinium, Oleinium
oder Colchinium genant/ist eine Bischöfliche Stadt in Albanien unter das Ertzstifft Antivari gehörig/ hat einen sichern
Haven/und eine feine Cittadelle, ligt 24.
Meilwegs von Scutari nah beym Golfo
Drin. Hat in der Historie nichts merck-
würdiges/ als daß sie den Corsaren jederzeit

zeit Unterschleiff gegeben/ und also die allgemeine Sicherheit zu stören gleichsam mitgeholffen/ und weil sie solches noch bis auff den heutigen Tag zu thun fortfährt/ dencken die Herren von Venedig billig auff Mittel und Wege/ solch schädliches Asylum oder Frey-statt der Diebe und Mörder einsten zu zerstören/; wie sie dann schon öffters einen Anschlag darauf gethan/ und jener See-Räuber Schiffe in dem Port vor Dolcigno ruiniret haben.

Ein wenig herunter nach Dolcigno ergeust sich der Fluß Boiana ins Meer/ welcher in dem Bosnischen Gebürge entspringet/ noch andere drey Flüsse/ alß Sem Moraccia und Drivaso in seinen Schoß nimt/ und mitten durch den Lago di Scutari geht. An dem Flusse Morazza ligt

DIOCLEA

die Geburt-Stadt Käysers Diocletiani, wovon er seinen Nahmen bekomen/ allwo vor alters ein Ertz-bischoff residiert/ dessen Sitz aber im Jahr 990. nach Ragusi ist verleget worden. Auß dem zerfallenem Gemäuer derselben Stadt ist

Medon
auffgerichtet worden/ so heut zu Tag ein zimlich considerabler Ort ist an der Scutarier See gelegen. Einige Geographi legen derselben auch den Nahmen Dioclea bey/ da sie doch auff eine andere Stelle/ und nur von den Inwohnern gedachter Stadt ist gebauet worden.

Rings um der Scutarier See/ so bey den Lateinern Labeatis Lacus hiesse/ haben die Labeates und Pirustæ gewohnt/ von denen nur die blossen Nahmen/ und weiter keine Nachricht mehr vorhanden. Gemeldte See/ so die Türcken Lago di Penta oder Zenta heissen/ hat 60. Meilen im Umkreiß/ ist von allen Seiten mit Bergen umgeben/ ausgenommen nach Norden hin/ allda an ihrem Ufer nebst dem gemelden Medon auch

Drivasto

eine Bischöfliche nach Antvari gehörige Stadt gelegen/ wie auch

SCUTARI,

wovon vorgedachte See ihre Benennung

nung bekommen/ vormahls von Ptolomæo und Plinio, Scodra, von den heutigen Türcken aber Iscodar genannt. War weyland der Sitz der ersten Illyrischen Könige/ allwo Genzius/ den Römern sich ergebe muste. Ligt 24. Meilen vom Meer/ ist noch anitzo eine berühmte Handel- und Haupt-Stadt in der Provintz Albanien/ treflich volckreich und feste/ besonders wegen des Castels/ so nah bey ihre Ring-Mauern auff der Spitze eines Berges gelegen. Dieser Ort ist bekandt wegen zwo/ doch fruchtlosen Belägerungen/ so sie von Mahomet II. der das Griechische Kayserthum ausgerottet/ und seinen Sitz nach Constantinopel verlegt/ hat ausstehen müssen. Zum erstenmahl nemlich A. 1474. commandirte drinnen Antonius Loredanus, dieser legte so viel Proben unerschrockner Tapffer- und kluger Vorsichtigkeit ab/ daß der hochmutige Thracier nach 3. Monatlicher Belägerung mit Einbüssung 10000. der Seinigen den Ort wieder verlassen muste. Er kam zum andern mahl wieder/ nemlich A. 1478.

A. 1478. und belagerte den Ort ein gantzes Jahr lang/ muste aber wol mehr als
50000. Combattanten davor im Stiche
lassen/ er war damahls selbst in eigner
Person zugegen/ die Seinigen zum tapffern Wolverhalten zu encouragiren/ weil
er aber solchem/ und allem möglichen
Beginnen ungeachtet die 1600. Vene-
tianer/ so den Ort defendirten/ mit seiner
starcken Mannschafft nicht bezwingen
konte/ und endlich die Belagerung auff-
heben muste/ ward er so rasend-toll/ daß
er die Städte Drivasto, und Alessio die
er damals eroberte/ von Grund aus ver-
heerete/ und 700. Christen/ so in 2. Fu-
sten auffs Meer sich begeben hatten/ ins
Gesicht der Belägerten schlachten ließ.
Doch ist ihm im folgenden Jahre dieser
so importanter Ort mit Accord noch eingeräumet worden/ massen die Republic
sich endlich genöthiget befande/ solcher
Gestalt und mit so harten Conditionen
den Frieden vom Türcken gleichsam zu
kauffen/ weil er schon biß in Friuli ge-
rücket war/ und der Christlichen Potentaten

taten Auxilias-Völcker ausblieben. Dieses muste doch denen Türcken ein unbeschreiblicher Schimpff und verdrießliche Schande seyn/ daß/ da sie mit einem fast unzehligen Krieges-Heer ein gantzes Jahr lang vor diesem Ort Dioclea sich fruchtloß abgemattet hatten/ sie bey desselben Ubergabe nur 400. Soldaten/ unter denen noch 100. Weiber waren/ ausziehen sahen/ welche noch von vorgemeldter Anzahl der Venetianischen Besatzung waren übrig blieben/ und sich gegen so viel Türcken so lange gewehrt hatten/ daß diese die Belägerung endlich hetten auffgeben müssen.

ALESSIO
liegt auff einem Berge/ zwey Meilen vom Meer/ da der Drin sich in den Golfo gleiches Nahmens ergeust/ numehro auch unter Türckischer Bothmäßigkeit. Weil aber dieser Ort mitten in Albanien ligt/ woselbst die Einwohner gebor- und geschworne Feinde der Türcken sind/ wollen die/ so draussen auff dem Lande wohnen/ fast als freye Leute zu keinem
Tribut

Tribut sich verstehen / wenn sie nicht durch öffentliche Gewaltthätigkeit dazu gezwungen werden.

Der Fluß Drino schliesset Dalmatien/ und trennet dasselbige vom heutigen Macedonien und Albanien/ zertheilet sich auffs letzte/ und machet eine Insul/ bevor er sich ins Meer ergeust.

Der Golfo heisset del Drino/ und nicht di Lodrino/bey den alten aber Illyricus Sinus. Er erstrecket sich beynahe 25. Meilen von S. Gio di Medoa an biß ans Capo Redoani, welche die zwey letzten Capi oder Promontoria in Dalmatien sind. Er wird auch sonsten von etlichen il Golfo della Boiana, weil dieser Fluß sich in demselbigen endiget/ genannt. Es befinden sich noch viele andere Städte in Dalmatien/welche aber entweder von geringer Consideration / oder mir noch unbekandt sind / als der ich nur von den vornehmsten / und denjenigen/ wovon schon andere Autores / die von Dalmatien geschrieben/ Nachricht ertheilt/habe handlen wollen. Niemand lasse sich aber

wun-

364 Beschreibung von Dalmatien

taten Auxilia-Völcker ausblieben. Dieses muste doch denen Türcken ein unbeschreiblicher Schimpff und verdrießliche Schande seyn/ daß/ da sie mit einem fast unzehligen Krieges-Heer ein gantzes Jahr lang vor diesem Ort Dioclea sich fruchtloß abgemattet hatten / sie bey desselben Ubergabe nur 400. Soldaten/ unter denen noch 100. Weiber waren/ ausziehen sahen/ welche noch von vorgemeldter Anzahl der Venetianischen Besatzung waren übrig blieben/ und sich gegen so viel Türcken so lange gewehrt hatten/ daß diese die Belägerung endlich hetten auffgeben müssen.

ALESSIO

liegt auff einem Berge / zwey Meilen vom Meer/ da der Drin sich in den Golfo gleiches Nahmens ergeust / nunmehro auch unter Türckischer Bothmäßigkeit. Weil aber dieser Ort mitten in Albanien ligt / woselbst die Einwohner gebor- und geschworne Feinde der Türcken sind/ wollen die/ so draussen auff dem Lande wohnen/ fast als freye Leute zu keinem
Tribut

Tribut sich verstehen / wenn sie nicht durch öffentliche Gewaltthätigkeit dazu gezwungen werden.

Der Fluß Drino schliesset Dalmatien/ und trennet dasselbige vom heutigen Macedonien und Albanien / zertheilet sich auffs letzte / und machet eine Insul/ bevor er sich ins Meer ergeust.

Der Golfo heisset del Drino/ und nicht di Lodrino/ bey den alten aber Illyricus Sinus. Er erstrecket sich beynahe 25. Meilen von S. Gio di Medoa an biß ans Capo Redoani, welche die zwey letzten Capi oder Promontoria in Dalmatien sind. Er wird auch sonsten von etlichen il Golfo della Boiana, weil dieser Fluß sich in demselbigen endiget/ genannt. Es befinden sich noch viele andere Städte in Dalmatien/welche aber entweder von geringer Consideration/ oder mir noch unbekandt sind/ als der ich nur von den vornehmsten / und denjenigen/ wovon schon andere Autores / die von Dalmatien geschrieben/ Nachricht ertheilt/habe handlen wollen. Niemand lasse sich aber

Wunder duncken/daß wohl einige wichtige Plätze in Dalmatien itzo möchten anzutreffen seyn/ von welchen noch bey keinem eintzigen Autore Meldung geschehen/ massen viele Oerter/ so zuvor von keiner Importantz und gantz unbekandt gewesen/ durch Veränderung der Zeiten/ um einer Passage oder anderen Ursachen willen auffs neue fortificiret/ und also wegen Auffenthalt eines vornehmen Commandanten/ oder anderer Zufälle/so täglich in einem Lande/worinnen Krieg geführet wird/ entstehen können/ volckreich und allererst bekandt zu werden anfangen.

Das III. Capitel.
Von den Illyrischen oder
Dalmatischen Insulen.

NAch Plinii Aussage/ sind bey die tausend Insulen in Dalmatien/ andere Geographi vermeinen aber/ daß derselben Anzahl sich so hoch nicht belauffe. Doch sind derselben so viel/

II. Geographischer Theil.

viel/daß/der sie von weiten ansieht/ vermeint eine ansehnliche Schiffs-Flotte vor Augen zu haben. Sie werden aber theils Liburnische/ theils Dalmatische Insulen genennet/nachdem sie dieser oder jener Landschafft gegen über ligen. Die erste von einiger Consideration/ welche/ so man von Istrien nach Levante segelt/ man antrifft/heist OSSERO, und erstreckt sich wol bey die 20. Meilen in die Länge/ ist aber ziemlich schmal. Hat eine Stadt gleiches Namens OSSERO, und muß der Republic Venedig Gehorsam leisten. Ist gantz nahe an die Insel
CHERSO
gelegen / massen über die Meer-Enge/ so dazwischen ist / eine Brücke gehet. Diese ist mehr denn eins so groß als die vorige/ hat eine Stadt gleiches Namens/die mit einem sichern Hafen/so ungefähr 12. Meilweges vom Histerreichischen Lido entlegen/versehen/und wie die vorige/ also wird auch diese und nachfolgende Insulen von einem Venetianischen Patricio/ der Graff tituliret wird/gou-

verniret. Diese zwo Insuln/ so ehemals ein aneinander hangendes festes Land sollen gewesen/ und durch Gewalt des Meers von einander seyn gerissen worden/ werden zusammen die Absyrtides genennet/ weil der Absyrtus der Medeæ Bruder allhie den Geist soll auffgegeben haben. VEGIA ist mitten in dem Golfo Flanatico oder dem Quarner/ zwischen dem festen Lande und der Insul Cherso gelegen. Hat ungefähr 55. Meilen in ihrem Umkreyß/ und eine nach ihr genannte Bischöfliche Stadt/ so West-werts auff der Insul an einem kleinen Golfo liegt/ und von einem festen Schloß/ worauff der Venetianische Graff oder Gouverneur residiret/ beschützet wird. Im Jahr 1480. hat das Frangipanische Hauß diese Insul/ als dem sie eigenthümlich zugehörte/ an die Signorie von Venedig verkaufft.

ARBE muß gleichfalls mit ihrer Stadt gleiches Nahmens gedachter Republic Contribution geben/ ligt nur vier Meilen vom Dal-

Dalmatischen Ufer zwischen Vegia und Pago/ und ist nur 16 Meilen lang.

PAGO

ist viel grösser als die vorhergehende/ hält fast 46. Meilen in ihrem Umkreiß / und liegt zwischen Arbe und der Stadt Nona. Nebst einer eintzigen Stadt/ so auch Pago heist/ hat sie noch etliche Schlösser/ und / wie alle vorige Insulen / zimlich volckreiche Dörffer / weil es daselbst gut zu wohnen / das Erdreich fruchtbar und sehr bequem ist / viel Heerd-Vieh / absonderlich gute Pferde zu erziehen/ welche zwar klein von Leib / aber wohl so starck sind als die allergrösten immer seyn mögen. ISOLA GRANDE
wird von Baudrand die Zarische Insul genennet/ weil sie Zara recht gegen über ligt. Hat 18. Meilen im Umkreiß/ aber keine eintzige Stadt von Consideration, muß gleichfalls denen Venetianischen Gesetzen Gehör geben.

LA BRAZZA

hat eine Stadt gleiches Nahmens. Ist beynahe 30. Meilweges lang/ und dem

Stri-

Striche Landes/ zwischen Trau und Narenta/ über gelegen. Muß denen Befehlen der Venetianischen See-Königin mit unterthänigem Gehorsam nachkommen/ wie auch die Insulen
Bua, Solta, und Olintha
oder Olinthus, welche in dieser Gegend herum sich befinden/ und nichts remarquables haben/ als daß sie fruchtbar/ und treflich volckreich sind. LESINA ist des Königs Demetrii Pharii Vaterland/ wohl 50. lang / aber kaum 7. oder 8. Meilen breit/ und 25. Italiänische/ oder acht und ein viertel teutsche Meilen von Spalatro gelegen. Sie hat zwar nach Westen hin eine kleine/ doch wohlbefestigte Stadt. Gehört/ wie auch die nachfolgende/ denen Venetianern/ welche sie im Jahr 1424. dem Aliota Capenna abgehandelt. CURSOLA ist viel kleiner wie die vorige/ massen sie sich über 25. Meilen nicht erstrecket/ doch ist der Republic viel dran gelegen / als mit welcher sich ihr Dominium endiget. Hat eine Bischöfliche Stadt/ so ebenfalls
Cur-

II. Geographischer Theil. 371

Curzola heisset / mit wohlerbaueten Mauern / grossen Thürmen / einem schönen Hafen / und gutem Weinwachs versehen. Auff'm Marckte stehet eine hohe Seule mit dem Venetianischen Löwen / zum Zeichen / daß er anitzo / und nicht mehr die Republic Ragusa / die Herrschafft über diese Insul führe. Sie hat sonst keine Städte mehr / aber noch viel Dörffer. Ligt nur fünff Meilen vom festen Lande / da das Promontorium Oneo, und die der Republic Ragusa zuständige Peninsel Hyllis am nächsten seyn. Diese Insul hat in ihren Boscagen ein sonderliches seltzames Thier / so an Gestalt einem grossen Hunde / und an der Stimmen einer Katzen ähnlich ist / selbiges weinet fast continuirlich des Nachts / locket dadurch bißweilen die unvorsichtigen / und allzu curiensen Passagierer zu sich / und springet denn mit aller Gewalt auff sie loß / sie auffzufressen / dahero die Naturalisten vermeint haben / solches sey das Thier Hyena genant.

MELEDA

ist noch eine der Signorie von Ragusi zuständige Insul / hat eine kleine Stadt / und wie die anderen Insulen alle / etliche Dörffer / deren Einwohner ein sehr fruchtbares Erdreich zu bauen haben.

LAGOSTA

ist ein wenig Meilen von Curzola gelegenes Eyland / welches mit einem Castell S. Giorgio genant / und einem Hafen nach Westen hin versehen / und dem Staate von Venedig zugehörig ist.

Ela-

Elaphites.

sind drey andere kleine Insulen/ welche zwischen Meleda und Ragusi befindlich/ und dieser Republic zugehören. Haben aber auch ihre absonderliche Nahmen/ nemlich Calamota, Isola di mezzo, und Guipana. *S. Andrea* ist eine andere noch bey dieser letzten gelegene Insul/ nicht groß/ aber zimlich bewohnt/ den Ragusern zugehörig/ und hat gleichfalls eine Stadt/ so gleichen Nahmen führt.

Auffer diese/ sind am Dalmatischen Lido noch unzehlig viele andere Insulen/ welche/ wie bey Anfang dieses Capitels erwehnt worden/ einem/ so das Adriatische Meer durchsegelt/ gleich als eine starcke Schiffs-Flotte mit ausgespanten Segeln/ oder ein dicker Wald vorkommen. Weil aber auffer die schon beschriebene/ keine sonst mehr vorhanden/ so eine Stadt/ oder etwa was anders remarquables vorzeigen könte/ habe auch derselben Nahmen allhie nicht beyfügen wollen. Zuvor ich schliesse/ muß dieses noch erinnern/ daß es mir unmüglich gefallen/ der Städte und Insulen unterschiedliche Lagerstellen/ so man hin und wieder auff den Land-Carten siehet/ anzuführen/ und daß ich absonderlich dem Baudrand gefolget/ welcher/ meiner Meinung nach/ in diesem Studio viel acurater gangen/ als die heutigen Geographi zu thun pflegen/ beziehe mich derhalben fast in allem auff ihn/ und werde mich mit seiner Autorität defendiren.

ENDE.

www.ingramcontent.com/pod-product-compliance
Lightning Source LLC
Chambersburg PA
CBHW032017220426
43664CB00006B/274